U0571080

贸易自由化、人力资本结构与比较优势研究：理论与中国经验

潘 莹 著

九 州 出 版 社
JIUZHOUPRESS

图书在版编目（CIP）数据

贸易自由化、人力资本结构与比较优势研究：理论
与中国经验 / 潘莹著 . -- 北京：九州出版社，2022.7
ISBN 978-7-5225-1048-4

Ⅰ．①贸… Ⅱ．①潘… Ⅲ．①自由贸易（中国）－影响
－人力资本－资本结构－研究－中国 Ⅳ．① F72
② F249.21

中国版本图书馆 CIP 数据核字（2022）第 119911 号

贸易自由化、人力资本结构与比较优势研究：理论与中国经验

作　　者	潘　莹　著
责任编辑	云岩涛
出版发行	九州出版社
地　　址	北京市西城区阜外大街甲 35 号（100037）
发行电话	(010)68992190/3/5/6
网　　址	www.jiuzhoupress.com
印　　刷	定州启航印刷有限公司
开　　本	710 毫米 ×1000 毫米　　16 开
印　　张	12.5
字　　数	210 千字
版　　次	2022 年 7 月第 1 版
印　　次	2022 年 7 月第 1 次印刷
书　　号	ISBN 978-7-5225-1048-4
定　　价	78.00 元

★ 版权所有　侵权必究 ★

前　言 ▶▶

　　改革开放 40 多年来，中国充分发挥了自身的人口红利比较优势，成功参与全球分工，促进了中国贸易发展。贸易自由化进程伴随中国加入世界贸易组织（WTO）而加速，进口关税按入世要求在规定的时间线下降至较低水平。中国改革开放政策实施以来，采取差异化地区发展策略，以及地区间自身存在的经济历史、地理位置等差异，最终造成关税经济效应传导的地区差异性。与此同时，国内人力资本结构也随着改革开放的深化发生了巨大变化。尽管贸易自由化与人力资本投资二者之间的逻辑因果关系受到部分学者关注，但目前关于此类研究大多集中在出口侧，以贸易开放度的视角研究出口贸易对人力资本积累的影响，很少有从进口贸易自由化的角度展开研究，对进一步的人力资本结构和比较优势的研究也较少。

　　本书基于 Findlay 和 Kierzkowski（1983）的教育投资函数，结合 Melitz（2003）为代表的企业异质性贸易理论和 Dixit 和 Grossman（1982）的多阶段连续生产理论，囊括异质性工人技能、个体教育投资决策和全球分工等多个角度，通过数理建模首先考察了贸易自由化进程影响个体教育投资的渠道机制，并在此基础上提出了待检验的理论假说和推论。在此基础上，进一步结合全球分工理论，考察了贸易自由化、人力资本结构对比较优势的影响，从而丰富和拓展了企业异质性贸易理论的研究视角。具体的研究和讨论从以下几个方面展开：

　　首先，在两国对称的模型下，贸易自由化通过提高国内技能工人的技能溢价，提高个体进行教育投资的预期报酬，降低个体进行教育投资的能力阈值，最终激励个体增加教育投资。利用中国居民收入调查（CHIPs）微观数据、世界综合贸易解决方案（WITS）数据库提供的产品关税数据，以及中国工业企业数据库提供的行业就业数据展开经验研究，发现贸易自由化显著提高了个体劳动者的受教育年限，并且还存在地区、行业和性别差异。利用二阶段工具变量解决内生性问题后，以及多种稳健性检验的结果都表明贸易自由化深化会增加个体劳动者的人力资本投资。在此基础上，进一步利用中介效应模型来解构影响机制，发现贸易自由化先通过提高行业内技能工人的工资溢价，提高了个体劳动者进行教育投资的预期报酬，鼓励个体劳动者增加教育投资；并且贸易自由化增加了技能工人岗位需求，降低了个体进行教育投资的能力阈值，激励个体劳动者继续学校教育。

其次，贸易自由化通过鼓励个体进行教育投资，增加个体劳动者的受教育年限，推动了人力资本结构由初级向高级演进，并最终促进了人力资本结构高级化。在采用双重差分方法克服潜在的内生性之后，我们发现中国加入WTO后关税削减更多的城市也就是贸易自由化程度变化更大的城市，关税削减提高了城市劳动人口中大学学历人口比重，贸易自由化深化促进了人力资本结构"高级化"。考察贸易自由化对人力资本结构分布的拓展分析结果显示，贸易自由化变动越大，或者说贸易自由化深化的幅度越大，城市教育基尼系数越小，城市人力资本结构分布越趋于均等化。

最后，随着贸易成本下降，贸易自由化程度不断深化，企业参与全球分工的生产阶段向上游移动，生产所需技能强度提高。由于技能强度由不同受教育程度劳动人口在总劳动人口中的占比表示，生产阶段所代表的比较优势来源逐渐向高等教育学历劳动转变。利用世界投入产出额数据库（WIOD）提供的世界投入产出表和WIOD数据库子数据库社会经纪账户（SEA）提供的中国行业层面就业技能数据进行分析，发现低关税行业（贸易自由化程度相对高的行业）劳动者高等教育占比增加对行业比较优势的正向影响比高关税行业（贸易自由化程度相对低的行业）更大。考虑行业技能强度与工人技能需求匹配，将行业进行分类后分析，发现在知识密集型和资本密集型行业内，受高等教育工人占比的增加会显著提升行业的显性比较优势，而受初等教育工人占比的增加则会显著提升劳动密集型行业的显性比较优势。利用工具变量解决内生性问题以及多种稳健性检验后，回归结果仍然是稳健的。

基于以上研究的主要结论，本书总结的主要政策建议包含三个方面：

一是继续深化贸易自由化改革，提升贸易可持续发展的内生动力。有研究指出，产业结构的先进性是以生产要素的先进性为基础的（张幼文，2015），寻求外贸发展的内生动力离不开人力资本的支持。本书的实证结果证明，中国贸易自由化进程通过提高行业内技能工人的技能溢价和增加技能工作岗位两种途径，有利提升了个体劳动者的受教育年限，正向影响着个体的人力资本投资。因此，构建合理的产业结构以支撑外贸改革，进而提供贸易可持续发展的内生动力离不开人力资本。党的十九大也指出要坚定实施人才强国战略，并进一步提出了"建设知识型、技能型、创新性劳动者大军"的科学论断。因此，要继续深化贸易自由化改革，有序推进贸易自由化进程，提高个体劳动者受教育年限，最终提供贸易可持续发展的内生动力。

　　二是贸易自由化政策与产业政策协调使用，推动人力资本结构高级化。本书第五章的经验分析结果表明，贸易自由化变动更大的地区大学及以上学历劳动人口的比重增加得更多，同时降低了城市劳动人口中高中以下劳动人口的比例，有利于人力资本结构高级化的实现，并且贸易自由化还降低了城市的基尼系数，缩小了城市内部人力资本结构分布的不平等程度。中国人口红利比较优势积极推动了中国经济和贸易在改革初期的发展，但目前这一"人口红利"比较优势随着国内人口老龄化问题和周边国家工业发展正逐渐丧失，实现"人才红利"是改变这种现状的重要举措。根据经验分析结果，协调贸易自由化政策与产业政策，提高个体劳动者进行教育投资的预期报酬，并降低教育投资的机会成本，将推动人力资本结构高级化，实现人口红利向人才红利的转变。

　　三是改善人力资本结构，匹配培育外贸竞争新优势的人才需要。党中央文件多次强调要培育外贸竞争新优势，此后多次重申这一论断，足以说明在中国外贸发展面临复杂内外环境变化的当下，寻求外贸发展比较优势新来源十分迫切。本书第六章的经验分析表明，平均意义上，行业内高等教育劳动的占比增加显著提高了行业的显性比较优势，并且低关税行业高等教育劳动的占比增加对行业显性比较优势的正向影响比高关税行业更大，而在对技能工人需求更大的知识性和资本密集型行业，高等教育劳动对行业显性比较优势的正向影响更大。这一结果表明，人力资本结构改善，提高不同层次人力资本与行业技能需求的匹配度，能更好地促进行业的比较优势发挥，为构建外贸发展竞争新优势提供人才支撑。

目　录 ▶

图目录

表目录

导　论

第一节　研究背景与意义

一、研究背景

劳动经济学与国际贸易理论的交叉是国际贸易前沿研究领域之一。自新贸易理论创建以来，人力资本对经济以及贸易发展的重要作用受到广泛关注，考察人力资本驱动因素对一国贸易和经济增长的重要性也日渐凸显。十九大报告明确提出"人才是实现民族振兴、赢得国际竞争主动的战略资源"，十九届五中全会再次提出要"深入实施科教兴国战略、人才强国战略、创新驱动发展战略"。中国经济发展已经从要素驱动迈向创新驱动的新阶段，这对我国"人才"利用提出了新的要求。而形成人才的基础是个体的人力资本投资，这一方面与家庭教育支出、个人努力程度相关，另一方面受到贸易开放等宏观经济或政策冲击的影响，与此相关的理论与经验文献基于出口扩张的视角进行了详细探究。例如，中国出口需求扩张引致的低技能岗位增多使当地高中和大学入学率显著下降（Li，2018；张川川，2015）。Li 等（2019）进一步研究发现，中国出口需求扩张使个体在 16 岁时进入高中教育阶段的概率下降 2.5%，其对人力资本积累的影响存在长期抑制效应。如果出口需求扩张的人力资本抑制效应一直存在的话，那么以非关税壁垒和关税下降衡量的贸易自由化作为贸易开放影响人力资本投资，进而人力资本结构的重要作用也不应被忽视。

改革开放 40 多年来，中国一方面有条不紊地实施以削减关税、降低非关税壁垒和放松外资管制为主要内容的贸易自由化改革；另一方面主动扩大进口，"主动扩大进口"亦成为当前中国新一轮高水平对外开放推动经济高质量发展进程中的重要着力点。与此同时，国内人口红利消退、资源和环境约束加重，大大削弱了贸易的传统竞争优势，加快贸易结构转型升级是实现贸易高质量发展，最终形成我国贸易竞争新优势的关键。贸易结构转型升级的基础是产业结构转型升级，人力资本结构动态匹配通过技术创新（刘智勇等，2018）和提高劳动效率（毛其淋，2019）等途径促进产业结构转型升级，推进贸易高质量发展。改革开放以来，贸易自由化逐步深化，伴随人力资本结构的巨大变化，突出表现为低教育程度人力资本比重不断下降，高教育程度人力资本比重持续上升。因此，贸易自由化深化背景下，厘清人力资本结构变化对培育贸易竞争新优势的影响效应和作用机制是推动贸易高质量发展的关键问题之一。

　　人力资本作为构成劳动力生产效率的核心因素，很大程度上会影响贸易的结构转型升级，最终影响贸易竞争新优势。现有与本项目相关的研究主要集中在以下方面：一是以出口的视角讨论出口扩张与人力资本之间的关系（Atkin，2016；周茂等，2019；明秀南、冼国明，2021；李世刚等，2021）。二是极少数文献以进口的视角探究贸易发展对人力资本的影响，赵春明等（2020）研究了主动扩大进口对当地人力资本积累的促进效应；王巍和严伟涛（2020）的研究认为，进口竞争总体上能够扩大我国企业内部工资差距，从而有利于企业劳动者进行人力资本投资；佟家栋等（2021）认为贸易自由化有利于城市人力资本积累。三是用人力资本分布差异解释比较优势（Grossman and Maggi，2000；邵文波等，2015）。

　　一方面，现有文献主要聚焦出口视角探讨出口扩张与人力资本二者之间的关系，尽管少数文献从进口的角度探究了贸易发展对人力资本积累的影响，但忽视了其对人力资本结构的影响，在当前中国高素质人力资本短缺，而人力资本投资相对不足、劳动力人口持续下降（刘智勇等，2018）的背景下，探究贸易自由化对人力资本结构影响的重要性更加凸显。另一方面，虽然现有少数文献利用人力资本结构差异解释了比较优势，但缺乏关于贸易自由化与人力资本结构互动对比较优势影响的研究。因此，结合此领域现有研究发展和高水平开放格局下构建贸易竞争新优势与人才强国战略和创新驱动发展战略的政策背景，以进口的视角清晰贸易自由化对人力资本结构的影响效应和作用机制，讨论贸易自由化和人力资本结构联动对比较优势的影响效应和渠道，是中国追求贸易高质量发展和经济高质量发展中值得关注的重要议题。

二、研究意义

（一）选题的理论意义

　　第一，本项目的结论对理解中国贸易自由化的经济影响起到了有益补充。中美贸易摩擦升级、贸易保护主义日趋升温叠加全球疫情持续背景下，中国贸易发展的低要素成本优势逐渐丧失，对中国如何在这样复杂的国际贸易环境中保持比较优势提出了新的要求。人力资本与贸易以及经济增长有着紧密联系（Lucas，1988），且任何国家的人口和劳动力不可能长期处于"无限供给"状态（中级经济增长与宏观稳定课题组，2007），人口从"数量"优势升级至"质量"优势是必然趋势，这离不开人力资本结构调整的支持。近年来，国内有少量学者关注了关税下降的劳动力市场效应（戴觅，2019；李世刚等，2021），以及进口扩张对人力资本投资（赵春明等，2020）和人力资本积累（赵灿、刘啟仁，2019）的影响，但缺乏贸易自由化对人力资本结构影响的理论与经验研究，以及贸易自由化与人力资本结构互动对比较优势影响的研究。从这一角度而言，本项目的深入研究拓宽了我们对中国贸易自由化经济效应的理解。

第二，本项目的研究构建了分析贸易自由化、人力资本结构与比较优势三者关系的理论模型分析框架。尽管少数现有文献基于进口的视角，在经验层面讨论了进口扩张对人力资本投资和人力资本积累的影响，但缺乏理论模型支撑，且现有研究也缺少在企业异质性贸易理论框架下，通过纳入工人技能异质性反映人力资本结构变化，构建理论模型来分析贸易自由化和人力资本结构变化互动对比较优势的影响。本项目首先借鉴 Falvey 等（2006；2010）的方法构建教育生产函数，并将 Melitz（2003）中企业生产率异质性拓展到雇佣的工人技能异质性和生产率异质性两方面，在企业异质性贸易理论框架下，基于一般均衡视角来构建一个贸易自由化影响个体教育决策的一般理论模型，考察贸易自由化影响人力资本结构的内在作用机制。其次，在中国深入参与全球分工背景下，借鉴生产阶段建模，定义不同受教育程度反映技能强度差异，通过技能劳动和非技能劳动的份额变动反映人力资本结构差异，进一步考察贸易自由化和人力资本结构对比较优势的影响。

（二）选题的现实意义

当前，中国经济正处在增长速度换挡、结构调整阵痛和前期刺激政策消化的"三期叠加"阶段。经济增速由高速增长转为中高速增长。与此同时，我国的贸易发展也由前期的持续繁荣进入中低速增长通道，培育外贸竞争新优势以推动贸易结构，进而使经济结构进行良性调整成为亟待解决的重大问题，也是推动我国自由贸易大国转向贸易强国的必由之路。改革开放 40 多年来，中国经济面临的内外发展环境发生了巨大变化，继续粗放式地使用低素质劳动力的模式无法持续为经济发展提供活力，因为任何国家的人口和劳动力不可能长期处于"无限供给"状态（中级经济增长与宏观稳定课题组，2007）。国内人力资本结构调整应该成为经济发展动能转换的基础，将人口从"数量"优势升级至"质量"优势，也就是从人口红利向人才红利转变，以匹配经济结构转型所需的技术支持，并最终成为贸易甚至经济发展的比较优势新来源。教育作为人力资本积累的重要来源，被认为与贸易以及经济增长有着紧密联系（Lucas，1988）。在知识经济时代，教育作为人力资本积累最重要的途径，对构建国际贸易比较优势发挥着显著作用。反过来，一个国家的贸易格局和自由化程度也会影响其教育制度运行，进而影响个体教育投资决策，改变原有的教育结构，形成新的人力资本积累，最终对原有比较优势产生影响。

　　本书试图从贸易的视角出发，考察改革开放以来，特别是中国加入 WTO 后，贸易自由化程度不断深化对我国个体劳动者的教育投资、人力资本结构，以及人力资本结构分布等问题的影响，并在此基础上进一步探讨这种影响对构建比较优势的影响，为贸易发展的内生动能转换形成提供相应的政策建议，具有一定的现实意义。由于我国存在特殊的二元经济，中国实际上存在着劳动市场分割的特殊性（陈钊、陆铭，2008）。与此同时，我国改革开放执行渐进式、阶梯式与先试验后铺开的地域发展政策，导致不同经济地区的开放程度以及经济发展水平存在差异，这将直接导致关税经济效应的传导差异。此外，中国嵌入全球分工体系不断深化，所处生产阶段也在不断改变，对技能提出了新要求，人力资本结构变动势必对此产生影响。为此，我们在经验分析中对这一问题展开了研究。

第二节　研究思路与研究内容

一、研究思路

　　本书试图在一个一致的理论框架下，分析贸易自由化、个体教育投资，继而分析人力资本结构与比较优势的关系。本书尝试根据异质性贸易理论模型的分析框架，解决一系列问题：①贸易自由化是如何影响个体的教育投资决策的，且这种影响是否具有地区、行业等因素的异质性？②进一步地，贸易自由化影响个体教育投资后，对人力资本结构会产生怎样的影响？③在上述基础上，继续探讨贸易自由化对城市人力资本结构（教育不平等）分布又会有怎样的影响？④结合全球价值链框架下比较优势测算方法，考察贸易自由化通过教育结构对比较优势的影响。下面对本书的研究思路进行详细描述。

　　第一，我们分别对贸易文献中考察贸易自由化对教育、人力资本结构的影响，人力资本结构和比较优势，以及基于全球分工体系下比较优势三个方面的文献进行综述，发现尚未有研究将三者进行系统分析，这就成为本书的研究起点。

　　第二，在企业异质性贸易理论框架下，结合古典劳动经济学教育投资函数，通过拓展 Melitz（2003）中企业生产率异质性至生产率和雇佣工人异质性两个维度，分析了贸易成本下降，也就是贸易自由化进程影响个体劳动者教育投资的两种不同的渠道，分别得到理论假说 1 和理论假说 2。利用 CHIPs 微观调查数据、WITS 关税数据以及中国工业企业数据库，我们在第四章从经验层面分别检验理论假说 1 和理论假说 2。纳入比较优势，我们进一步在理论上展开对贸易自由化、人力资本结构与比较优势之间的关系的论述，为后文计量分析贸易自由化、人力资本结构与比较优势奠定理论基础，得到理论假说 3。

第三，对改革开放以来中国贸易自由化进程的特征和事实进行回顾，为理论分析和数理模型界定基本概念。然后，对中国同时段的教育以及教育结构、人力资本结构（教育不平等）的特征和事实展开讨论，并最终以图形的形式对上述三者之间的因果关系进行分析。

第四，在统计性描述分析的基础上，进一步用计量工具和方法对上述贸易自由化与教育投资、人力资本结构、人力资本结构分布（教育不平等）展开系统而深入的分析，并逐一通过计量模型识别理论推导出贸易自由化影响个体劳动者教育投资的两种可能渠道。贸易自由化首先通过提高技能溢价这一渠道，提高了个体劳动者进行教育投资的预期报酬，降低了个体进行教育投资的能力阈值，使个体劳动者更倾向于教育投资，增加自己的受教育年限，最终实现受教育程度升级，完成技能工人转化；而贸易自由化通过就业效应的渠道对个体教育投资的净影响，将取决于这种就业效应增加的工作岗位是对技能工人的需求还是非技能工人的需求，只有就业创造增加技能工作岗位需求，才会激励个体进行教育投资。在此基础上，我们以不同的计量方法实现了贸易自由化对教育一系列问题广泛而深入的讨论，并结合全球价值链分工框架下显示性比较优势的测算方法，作为衡量比较优势的指标，考察了贸易自由化与人力资本结构（教育不平等）对构建比较优势的影响。

二、研究内容

本书的具体内容如下：

导论部分简要介绍了研究背景与意义、研究思路与研究内容、主要研究方法以及创新与不足。

第一章是有关贸易自由化、人力资本结构与比较优势的文献述评，系统梳理了三类文献。第一类是贸易自由化如何影响个体的教育投资决策，分别从个体教育投资决策的决定因素和贸易自由化影响教育投资决策的机制两方面展开。第二类是人力资本结构与比较优势，从教育结构与人力资本结构，以及人力资本结构与比较优势两方面进行归纳和总结。第三类是全球价值链框架下人力资本与比较优势，首先介绍了在全球价值链框架下测度比较优势的方法，继而梳理了贸易自由化经由人力资本对构建比较优势影响的文献。

第二章是本书的理论基础。首先，借鉴 Falvey 等（2010）的研究，通过建立教育投资函数得到了个体选择教育投资的能力阈值，以及能力阈值与技能溢价之间的关系式。其次，基于企业异质性贸易理论的一般均衡模型，将 Melitz（2003）模型假定生产率异质性企业拓展到生产率异质性和雇佣工人技能异质性两个维度，在开放经济中分析了贸易自由化影响个体教育投资的两种途径，得到了理论假说 1 和理论假说 2。最后，借鉴连续生产理论模型的建模思路，继续在 Melitz（2003）基础上嵌入生产阶段，在全球价值链分工框架下，基于开放均衡考察贸易自由化、人力资本结构与比较优势三者之间的关系。

第三章首先回顾了中国贸易自由化的演进历程，剖析中国关税政策的经济功能。然后从数据出发，对中国贸易自由化以及教育结构的特征和事实做出统计性描述，以为第四章与第五章做相应的铺垫。介绍了中国贸易自由化进程以及同时期我国人力资本积累、教育投资，继而对人力资本结构分布进行统计性描述。根据二者在同时期的变动趋势做出基本的描述性分析。进一步地，用图表分析了贸易自由化与地区间人力资本结构分布（教育不平等）之间的因果关系。

第四章是主体计量分析的开始，从经验层面考察了贸易自由化对个体劳动者教育投资的影响，并利用中介效应模型分别检验了第二章的理论部分得出的贸易自由化影响个体教育投资的两类渠道，即贸易自由化会通过提高技能溢价和增加技能工作岗位，降低个体进行教育投资的能力门槛值，鼓励个体劳动者进行教育投资。第二章的理论部分强调了个体能力差异对教育决策做出的重要作用。为了检验这一结论，我们利用个体工作的技能要求以反映个体的能力差异，考察了贸易自由化进程对个体教育投资影响的技能差异，符合第二章的理论结果。由于中国改革开放过程中差异化的区域经济发展政策，东、中、西部地区的贸易自由化程度各不相同，其经济传导也有所差异，最终使三个经济区域内贸易自由化对个体教育投资的影响也有所不同。进一步地，我们还考虑了行业差异以及个体自身的性别差异在贸易自由化影响个体教育投资中的作用。

第五章在第四章的基础上，利用双重差分的计量方法，更进一步地考察了中国加入世界贸易组织这一重要贸易事件对城市不同教育学历劳动人口占总劳动人口比重（人力资本结构）的影响，以刻画贸易自由化程度对人力资本结构高级化的影响。人力资本高级化通过推动技术结构升级和技术创新，以及通过与产业结构升级之间的动态匹配促进经济增长，因此这一章的研究也是我们提出相应政策建议的重要来源。城市人力资本结构分布问题（教育基尼系数）则是这一章我们考察的第二个问题，贸易自由化对城市间的人力资本结构分布的影响将会影响城市在贸易中比较优势的形成情况。总体而言，我们在这一章从两个不同的方面较为完整地考察了贸易自由化对人力资本结构相关问题的影响。

第六章是本书计量分析的最终目的，通过前面章节的分析，我们已经明确地区贸易自由化进程提高了个体劳动者的受教育程度，鼓励个体进行教育投资，并推动了人力资本结构"高级化"，对贸易发展和城市经济发展都产生了积极影响。因此，我们延续前文研究的逻辑，在已有基础上进一步探讨了贸易自由化和人力资本结构对比较优势的影响，先借鉴王直等（2015）的方法，在全球价值链框架下重新测度了显示性比较优势指标，再利用模型中交互项的含义，考察了贸易自由化和人力资本结构对行业比较优势的影响，为相关政策建议的提出奠定了数据基础。

最后是本书的主要结论和政策建议。这一部分对全书进行总结，归纳全书的主要研究结论及其政策建议，并对下一步研究进行了展望。

第三节　主要研究方法

本书以中国的贸易自由化为主要贸易政策工具，试图考察改革开放以来贸易自由化进程对我国教育结构与人力资本结构及其分布的影响，最终考察贸易自由化和人力资本结构对比较优势的影响，探讨如何构建我国外贸出口竞争新优势。为了使研究结论更具有稳健性和可靠性，本书力求从多维度、多方法和多层次上进行分析。具体而言，本书所采用的研究方法可归纳如下。

一、文献解析法

文献解析法主要在本书第一章运用。在这一章，我们分层次对贸易自由化、人力资本结构与全球分工视角下的比较优势的文献进行梳理，并在此基础上进行简要述评，以期为后文的数理建模和计量分析奠定文献基础，也初步从现有文献总结中分析本书研究的可能创新与不足。

二、数理建模法

数理建模法主要在本书第二章运用。在这一章，我们首先在 Findlay 和 Kierzkowski（1983）的模型基础上考虑事前差异化个体能力，并结合企业异质性贸易理论的一般均衡分析，将 Melitz（2003）中企业生产率异质性拓展至生产率和雇佣工人异质性两个维度，并强调企业生产率与雇佣工人中高技能工人的比例高度正相关，在此基础上考察贸易自由化对个体教育投资决策的影响，以及这种影响的可能。随后，受连续生产阶段模型构建的启发，我们在全球价值链分工的框架下，将生产阶段嵌入 Melitz（2003）的生产函数，在企业异质性贸易理论框架下继续进行相应的拓展分析，在均衡中研究贸易自由化进程、人力资本结构和比较优势三者之间的逻辑影响关系。这一章属于本书的核心理论章节。

三、计量分析法

计量分析法主要在本书的第三至六章运用。本书首先利用 WITS 数据库提供的产品层面的关税数据，将不同版本以及不同层次的产品关税经过测算，统一到 HS_6 位数产品层面的关税，再根据中国工业企业数据库提供的就业信息，利用城市差异化就业结构测算地区层面的贸易自由化。随后，在考察贸易自由化对个体教育投资、人力资本结构影响时，与 CHIPS 数据库进行合并。在这一过程中，我们采用两阶段工具变量方法解决计量中可能存在的内生性问题，采用多种方式进行稳健性检验，然后利用中介效应模型检验贸易自由化影响个体教育投资的两种可能渠道。为了结果的稳健性，我们将采用不同的计量方法和样本进行稳健性分析。

第四节　创新与不足

一、本书的创新之处

（一）提供理解中国贸易自由化的经济效应新视角

关于中国贸易冲击如何影响中国劳动力市场人力资本投资的研究，一方面早期学者多从劳动供给侧角度来研究贸易与人力资本之间的因果关系，近年来一系列文献开始从需求侧角度来研究这一因果关系，但着重从出口的角度考察贸易对人力资本投资的影响，鲜少有研究从进口的角度来研究这一问题（赵春明等，2020）；另一方面现有研究极少涉及贸易自由化对人力资本结构调整的影响分析。从这个角度而言，本书的研究结论对理解中国贸易自由化的经济影响起到了有益补充。

（二）针对贸易自由化、人力资本结构与比较优势三者关系进行基础理论研究

尽管现有文献不乏从理论角度研究了贸易冲击对人力资本投资的影响，但一方面着重从出口角度，另一方面多基于传统贸易理论下的拓展。人是一切生产要素的核心载体，人力资本是比较优势的内生来源之一。少数文献讨论了人力资本匹配对比较优势的影响，但并没有考虑贸易因素。本书的理论研究则分两部分分别讨论了贸易自由化对人力资本投资进而到人力资本结构影响的作用机制，以及贸易自由化与人力资本结构互动对比较优势的影响，具有一定的理论创新。

（三）为现有相关经验研究提供理论支持

目前，国内外学者多从劳动供给侧角度来研究贸易与人力资本之间的因果关系，从劳动需求侧角度来研究贸易与人力资本投资的文献并不多，并且国内该主题的研究多停留在经验层面。本书在企业异质性贸易理论的框架下，通过模型拓展在理论上解析贸易自由化影响个体人力资本投资的渠道，为国内现有相关经验研究提供了坚实的理论支持。

二、本书的不足之处

（一）理论建模考察两国非对称情形的可拓展性

本书的模型分析是基于进行贸易的两个经济体是对称的基础上，但中国与美国、日本等发达国家的贸易量占中国总贸易量的一半以上，也就是说现实经济中中国与其进行贸易的经济体在经济发展以及资源禀赋上并不是对称的。一旦考虑到这一因素，我们就需要注意 H-O 贸易理论在建模过程中发挥的作用，这有可能导致我们得到差异化的结论，并得出更为丰富的政策建议。因此，基本非对称的贸易伙伴国情况下对本书研究问题的讨论，也将成为本书的

后续研究拓展。

（二）数据时期有待进一步更新

　　囿于数据的可获得性，本书基于个体层面的经验研究，仅能包括 1999 年、2002 年、2007 年、2008 年以及 2013 年 5 个年份的数据，其他缺失年份以及 2013 年之后的几年个体层面微观调查数据则无法获得。此外，所用数据的样本选择也比较有限。这二者导致我们在讨论贸易自由化对个体教育投资决策以及人力资本结构的动态影响时无法获得面板数据。因此，基于更完整的数据讨论地区贸易自由化对个体教育投资的影响，也是未来值得深入研究的问题。

第一章 贸易自由化、人力资本结构与比较优势：文献述评

学术界用比较优势概念解释国际贸易的产生至少可以追溯到古典经济学。亚当·斯密（Smith Adam，1776）在《国富论》中利用绝对比较优势对贸易进行解释，之后比较优势理论得到不断发展。但是，对比较优势的具体度量则较理论发展要缓慢一些，巴拉萨（Balassa）于1965年提出了显示比较优势的概念，用该指标来测度比较优势，将比较优势具体化。最初的巴拉萨指数关注最终品贸易，是一种"水平贸易"下的比较优势指标，但真实的国际贸易更多的是一种"垂直贸易"（Hummels Ishii, and Yi, 2001; Hummels, Rapoport, and Yi, 1998），或者称之为"工序贸易"，是指参与贸易的国家实际上是一种产品生产链上的某个环节。这一贸易特点强调了以全球分工视角来研究比较优势的重要性。在当前贸易环境下，识别、定义、改进以及描述比较优势有着重要含义。

为契合本书研究，本章将对三方面的文献进行评述，为本书后续研究奠定文献基础：一是梳理和归纳贸易自由化对个体教育投资决策影响的相关理论与经验研究；二是廓清人力资本结构对构建比较优势的重要作用；三是总结全球价值链分工下比较优势影响的因素分析，对既有文献研究进行简短的论述。

第一节　贸易自由化对个体教育投资的影响

在国际贸易理论发展过程中，"里昂惕夫之谜"让学者们重新思考人力资本在贸易模式决定中的重要作用。人力资本通过直接影响一国的劳动分工、技术选择，对决定一国经济发展模式和在贸易中的相对比较优势尤为重要。教育作为人力资本积累的重要来源，也逐渐被纳入贸易分析框架，Lucas（1988）就曾指出，教育与贸易以及经济增长有着紧密联系。中国经过40多年的改革开放，经济结构和贸易模式都发生了巨大转变，国内人力资本如何适应中国现阶段对外贸易发展以及经济发展，都值得我们深入研究。因此，研究国际贸易如何内生影响个人教育投资决策，进而改变中国人力资本结构以支持贸易发展有其独特的政策含义。下面我们将从个体教育投资的决定因素以及经验研究中贸易影响个体教育投资决策机制两个角度梳理贸易对个体教育投资决策影响的相关研究。

一、个体教育投资的决定因素

人力资本投资理论认为个人是根据教育投资的成本和收益进行教育投资决策的。成本不仅包括形成人力资本过程中的各项直接成本，还包括由于接受教育而未能参与劳动市场获取报酬的损失，也就是教育投资的"机会成本"；收益则可以简单地理解为接受教育后参与劳动市场获得的劳动报酬。人力资本投资理论发展的代表人物包括 Mincer、Schultz 以及 Becker。其中，Mincer（1958）首次提出了人力资本投资和收益间关系模型化的雏形；Schultz（1961）第一次明确阐明了人力资本投资理论，并对人力资本投资的方式和途径进行了研究，遗憾的是这一研究缺乏微观基础；Becker（1964）则弥补了 Schultz 研究的缺陷，其理论分析完全建立在微观分析基础之上，并在计算人力资本投资成本时提出了上述的"机会成本"概念，将物资资本领域的投资收益分析法完美地运用于人力资本投资的相关研究。此后，关于人力资本投资的决策活动基本沿用了这一做法，个体只有在其人力资本投资带来的收益超过人力资本投资总成本时才会做出接受人力资本投资的决策。

源于"里昂惕夫之谜"的新贸易理论，首次利用人力资本解释国际贸易产生，进而将人力资本纳入贸易分析框架。Findlay 和 Kierzkowski（1983）（下称 FK 模型）以及 Borsook（1987）的研究则拉开了以贸易的视角来解释个体人力资本投资的序幕。建模过程中，个体能力（ability）成为所有问题讨论的起点，即个体做出的人力资本投资决策强烈依赖其所拥有的事前能力（ex-ante ability）。具体而言，Findlay 和 Kierzkowski 在经典 H-O 模型中将个体能力内生化，在开放经济中利用教育生产函数和净利润函数，基于一般均衡框架，利用产品相对价格解释了贸易对个体教育投资决策的影响。FK 模型的显著特点在于国家的相对禀赋是内生决定的，而比较优势也是如此。技能工人与非技能工人之比由竞争性跨期均衡决定。贸易将通过产品国际价格来影响个体教育投资决策。由于教育投入资源是固定的，个体从教育中获得收益随着学生人数的增加而减少。在短期均衡中，只要教育投资净收益[①]为正，就会激励个体进行

---

① 净收益的表达式：$\pi = \int_{0}^{T} w_1 f(k) e^{-rt} \mathrm{d}t - \int_{0}^{T} w_1 f'(k) k e^{-rt} - \int_{0}^{T} w_2 e^{-rt} \mathrm{d}t$；这里 w_1 和 w_2 分别是技能工人与非技能工人的工资，T 是个体的生命长度，而 r 则是市场利率。上式的第一项是个体完成学习后的收入。第二项和第三项分别是个体进行教育投资的成本（直接和间接）。由于教育是一项竞争性活动，第二项的直接成本被设定为等于资本的边际产品价值乘以每个学生使用的资本量。第三项的机会成本由个体选择进行教育投资而放弃的作为非技能劳动力参加工作能够获得的工资收入与个体在其一生剩余时间可能获得的收入组成。

教育投资；而在长期均衡①中，净利润为零，长期均衡决定了给定的价格和教育资源情况下受教育学生的均衡数量。此后，基于 FK 模型的拓展多从个体能力分布假设改变（Falvey et al., 2006; Falvey et al., 2010），或者拓展要素市场假设（Blanchard and Willmann, 2016 ; Gu et al., 2016）进行。最近的研究则将此拓展与企业异质性贸易理论框架（Li, 2018; Danziger, 2017）联系起来。尽管这些拓展分析从不同角度出发，试图探究贸易影响教育投资的差异化渠道，但这些渠道终将会通过影响教育投资回报率来改变个体的教育投资决策。

本书在第二章的建模思路也借鉴了这一思想，从个体教育投资的收益与成本出发，在已有理论研究的基础上进行拓展，考察贸易自由化对教育投资决策的影响，为后文的经验研究提供理论支持。

二、贸易自由化影响教育投资的机制

教育投资决策关键在于教育投资的回报率与成本之间的博弈。在贸易文献中，经验研究关于贸易对教育投资的影响，最终也主要是考察其对教育投资回报率或者成本的影响。总体来讲，通过影响教育回报率来影响教育投资的经验分析多于从成本出发的文献。这可能是囿于对教育投资成本的测度较教育回报率更复杂，而且关于教育投资成本的数据也更难获得。而关于影响机制，本书将贸易文献中关于贸易影响教育投资渠道的经验研究大体分为了以下几类。

（1）就业效应。就业效应主要体现在贸易扩张的就业增加对何种技能劳动力的需求增加。如果贸易扩张引致的劳动力需求增加是针对技能水平较低的劳动者，就将大大提高个体进行教育投资的机会成本而鼓励个体做出辍学的决定；相反，如果贸易发展导致新增就业机会是倾向高技能水平的劳动力，就将提高个体的教育回报，进而激励个体增加教育投资。针对中国的研究表明，贸易扩张主要体现对中低技能劳动力的需求（张川川，2015；陈昊，2016），使其更有可能从中获得相对较高的工资，提高其进行教育投资的机会成本，不利于劳动者进行人力资本投资（李坤望等，2014）。赵春明（2020）从进口的视角研究发现，主动扩大进口通过减少本地低技能劳动力就业，会对个体教育投资产生正面影响。佟家栋等（2021）认为贸易自由化由于扩大高端人才需求，提高了城市层面的人力资本积累。Atkin（2016）采用更丰富的微观调查

---

① 长期均衡条件 $\int_0^T w_1(f(k)-f'(k)k)e^{-rt} = \int_0^T w_2 e^{-rt}dt$。在长期均衡中，技能工人的终身收入（等号左边）与非技能工人的终身收入（等号右边）相等。

数据，针对墨西哥贸易改革期间的就业增长事实的结果表明，出口制造业每创造 25 个工作机会，就会造成 1 个学生从 9 年级（主要是 16 岁）辍学而不会继续在学校学习到 12 年级。Atkin 认为，墨西哥改革期间出口制造业扩张多引起低技能工作岗位增加，提高了学生接受教育的边际机会成本，导致个体特别是处于初中毕业即将升入高中的个体（16 岁群体）做出辍学的决定。与之形成互补的是，Munshi 和 Rosenzweig（2006），Shastry（2012），Jensen（2012），以及 Oster 和 Steinberg（2013）都发现这样一个事实：在全球化中，印度相对高技能服务就业机会对当地教育产生了积极作用，劳动者技能水平要求较高的服务业就业岗位的增加提高了印度青少年的入学率。在对发达国家的研究中，Hickman 和 Olney（2011）以及 Greenland 和 Lopresti（2016）基于更长时间的面板数据的研究结果表明，全球化提高了美国的受教育程度，个体会通过增加教育投资来应对全球化冲击。对此，Blanchard 和 Olney（2017）认为，一国出口的技能组成是解释这些差异化结果的关键原因：一国出口技能强度高的产品会提高该国的平均受教育程度；反之，一国增加农业或低技能强度的制造业产品则会减少该国的平均受教育程度。

（2）信贷约束效应。信贷市场是不完全的，而个体所拥有的总物理资产（physical capital）也是有差异的，只有少数富有的能够克服一定教育成本的个体才会选择入学。也就是说，贸易对人力资本积累的影响依赖于财富分布与不完备的信贷市场之间的相互作用（Cartiglia，1997）。在一个小型开放经济体中，Ranjan（2001）就提出了一个讨论不完备信贷市场对个体人力资本积累影响的一般框架，指出对于非技能劳动力丰裕的国家，贸易自由化会提高非技能工人工资并降低工人教育投资的预期报酬，激励父母更倾向于选择让孩子去工作，但与此同时拥有非技能劳动力的家庭也会因收入增加而降低了家庭的信贷约束，鼓励父母去选择提供孩子更多的教育。因此，贸易对儿童劳动力提供的影响最终取决于这二者之间的综合作用。张川川（2015）通过对比城市学生和农村学生在就业机会变化时教育决策的差异，间接检验了信贷约束这一作用机制。陈开军和赵春明（2014）的研究则指出，中国贸易开放提高了人均国内生产总值，进而放松了人力资本投资的信贷约束，促进了人力资本积累。

（3）时间配置效应。Harris 和 Robertson（2013）则通过一个动态的小型开放经济体贸易模型，讨论了家庭在配置技能习得时间上的最优决策问题。Edmonds 等（2009）以及 Edmonds 等（2010）发现，贸易通过其对教育报酬、劳动需求等的影响进一步影响个体在工作与教育上面的时间配置，并最终影响个体的教育投资决策。Zhao 等（2016）也指出贸易自由化会通过影响儿童的时间配置来影响他们的教育投资决策。

（4）代际传递效应。Owen（1999）的研究指出，贸易发展对人力资本积累的影响不仅依赖于人力资本所有者的收入分配效应，还取决于物质财富的代际传递。Adrian 和 Ridao-Cano（1999）也指出，技能水平越高的人，其周围人的技能水平也越高（父母、同学、同事），他们也因此会获得更多教育投资机会以获取更多技能。可见，个体通过接受教育获得技能提升会受父母财富水平与受教育程度的影响。陈维涛等（2014）指出，出口技术复杂度的提升将促进中国城镇以及农村劳动者人力资本投资的增加，提高他们对人力资本投资的未来预期报酬，促进劳动者对其子女的教育投入，且随着出口技术复杂度的提升，从事高技能职业的劳动者比其他劳动者更倾向于对自身及其子女进行人力资本投资。

第二节　教育投资与人力资本

人力资本积累可以通过多种形式获得，而学校教育是最重要的一种途径。从第一节梳理贸易对个体教育投资决策影响的文献中可以看出，贸易通过多种渠道改变个体的教育投资决策，最终也会改变人力资本结构。在这一过程中，势必也会对比较优势的形成和变化有所影响。结合本书的研究主题，下面我们将首先介绍怎样通过教育来刻画人力资本结构，然后在此基础上梳理社会经济与贸易发展过程中人力资本结构优化的重要意义。

一、教育投资对人力资本的影响

一般而言，人力资本积累的途径分为学校教育和职业培训两种。教育结构一般分为义务教育与高等教育，其中义务教育又分为小学教育和中学教育。Becker（1962）指出，人力资本的形成与物理资本一样，需要投资才能获得，但与物质资本不同的是，人力资本的积累方式和途径主要是教育。Lucas（1988）基于微观视角，具体化了人力资本积累的方式和途径：一方面是传统意义上的各类教育，除了我们通常认为的学校教育外，还包括脱产培训；另一方面是人力资本的积累还可以通过"干中学"（learning by doing），即在工作或生产过程中通过实际训练和长期经验积累来实现。因此，我们可以通过学校教育改变人力资本结构的比例，实现人力资本积累改善。本书研究的人力资本积累也是通过学校教育实现的。

人力资本的衡量方式有多种，其中平均受教育年限是国际上衡量人力资本的一种通行的方法（Barro，2001），但Thomas等（2000）指出，单纯受教育程度的平均水平并不足以反映一个国家人力资本的特征。该文献同时指出，教育的分布对福利考虑和生产都极为重要。因此，衡量人力资本时考虑教育的分布问题，进而构建人力资本结构指标非常有必要。用于衡量人力资本结构分布的指标一般有教育基尼系数和教育标准差。Thomas等（2000）首次提出改进的教育基尼系数测算方法，表达式为 $E_L = (\frac{1}{\mu})\sum_{i=2}^{n}\sum_{j=1}^{i-1} p_i |y_i - y_j| p_j$；其中，$E_L$ 就是基于教育报酬分布获得的教育基尼系数，而 μ 则是个体的平均受教育年限，p_i 和 p_j 分别表示有一定学校教育水平人口在总人口中的比重，y_i 和 y_j 表示属于不同受教育水平下的受教育年限。教育基尼系数的取值范围是从0到1。这一系数取值越靠近0，代表教育不平等程度越低，进而人力资本结构分布的均化程度越高；该数值越靠近1，则代表教育不平等程度越高，进而人力资本结构分布的均化程度越低。教育基尼系数一般衡量的是教育的相对分布，而教育标准差则一般衡量了教育的绝对分布。

二、人力资本结构优化的重要性

当前，中国经济新常态下建立外贸竞争新优势问题备受关注，创新驱动和贸易结构调整是改变外贸现有竞争优势困境的有效途径，高质量人力资本在这一过程中充当了"加速器"的作用。人力资本结构优化将有助于缓解我国高素质人力资本瓶颈制约，加快推动创新驱动和产业结构升级（刘志勇等，2018），实现贸易结构改善，最终形成外贸竞争新优势。

一般而言，人力资本结构优化有两方面的含义：第一是人力资本结构中高等教育群体比重的增加，体现在初级人力资本向高级人力资本转变，人力资本结构呈现高级化趋势（刘志勇，2018）；第二是不同层次人力资本的结构匹配，体现在经济发展过程中不同层次人力资本表现出的知识、技能和能力之间的协调、协同和匹配关系（谢锐等，2019）。不论是哪一种含义，人力资本结构优化都表现出对经济发展的重要推动。高素质人力资本对经济发展的作用日益凸显（Fleisher et al.，2010；黄燕萍等，2013；袁富华等，2015）；人力资本结构与技术的技能需求匹配能促进适宜技术形成，并最大限度推动产业结构升级（Acemoglu and Zilibotti，2001）。

人力资本对缩小地区经济发展差距、促进经济均衡发展有着举足轻重的作用（Acemoglu and Autor，2012），众多学者从人力资本的角度解释了中国全要素生产率提升的原因，人力资本从初级向高级攀升则可以解释地区经济差异（刘志勇等，2018），也是解释城市规模对劳动者工资收入影响的重要渠道之一（李红阳、邵敏，2017）。另一方面，人力资本作为经济增长的重要源泉，在全球分工框架下，对一国在全球价值链当中的价值链定位和攀升具有积极作用（卢福财、罗瑞荣，2010；戴翔、刘梦，2018），甚至一国在全球价值链中的位置攀升可以理解成普通人力资本不断向创新型人力资本演进的过程（Young et al.，2004）。

第三节 全球分工与比较优势

第二节梳理了人力资本结构与比较优势形成的相关研究，可以肯定的是，人力资本结构对形成比较优势的作用是不置可否的，同时人力资本结构只有与行业对技能需求相匹配时，才能最大限度地发挥其对比较优势的形成作用。改革开放至今，中国已经深入参与全球价值链分工，因此我们需要在这一视角下重新认识比较优势。同时，随着改革开放的不断深化，人力资本结构也在不断改变，其对中国参与全球分工位置变动，继而对比较优势的影响也在变化。接下来，我们的文献梳理工作将从全球垂直化分工框架下比较优势指标测度方法、连续生产位置变化与比较优势以及人力资本对比较优势影响的相关研究展开。

一、比较优势指标的测算

在国际贸易领域中，比较优势理论是解释国际贸易存在和贸易利益的主导理论。20世纪60年代，经济学家开始运用经济计量模型分析每个国家以比较优势理论为基础的国际竞争力。Balassa（1965）基于这一思想首先提出了巴拉萨指数（Balassa index），也即显示性比较优势指数（revealed comparative advantage index，下称RCA指数）。它通过某产业在一国出口中所占的份额与世界贸易中该产业占世界贸易总额之比来表示，剔除了国家总量波动和世界总量波动的影响，计算公式为 $RCA_{ir} = \dfrac{ex_{ir} / \sum\limits_{i=1}^{n} ex_{ir}}{\sum\limits_{r=1}^{c} ex_{ir} / \sum\limits_{i=1}^{n}\sum\limits_{r=1}^{c} ex_{ir}}$ ，式中 ex_{ir} 表示

r 国 i 行业的出口总值，n 和 c 分别代表行业和国家的数量，$\sum_{i=1}^{n} ex_{ir}$ 表示 r 国家的总出口，$\sum_{r=1}^{c} ex_{ir}$ 表示世界范围内 i 行业的总出口，$\sum_{i=1}^{n}\sum_{r=1}^{c} ex_{ir}$ 表示世界范围内所有行业的总出口。它被广泛应用于衡量国家—产业水平上的显示性比较优势。但该方法是根据原产地原则进行的传统总量贸易统计的双边出口量，既忽略了国际生产分工，又忽略了国内生产分工。王直等（2015）在全球价值链框架下，基于 Wang 等（2013）提出的总贸易流量分解法，即以增加值为标准的贸易增加值统计核算方法，重新计算了 RCA 指数。王直等人指出，正确测度一国 RCA 指数不仅需要考虑隐含在本国其他部门出口中的该部门增加值（间接出口），还需要排除总出口中来源于外国的增加值和纯重复计算的部分。因此，王直等（2015）重新定义了一种测量一国部门显示性比较优势的新指标，

即新 RCA 指数：$RCA\_VA_i^r = \dfrac{(vax\_f_i^r + rdv\_f_i^r)\big/\sum_i^n (vax\_f_i^r + rdv\_f_i^r)}{\sum_r^G (vax\_f_i^r + rdv\_f_i^r)\big/\sum_r^G \sum_i^n (vax\_f_i^r + rdv\_f_i^r)}$。式中，

$vax\_f_i^r$ 和 $rdv\_f_i^r$ 分别表示基于前向联系得到的 r 国 i 部门出口的国内增加值和返回并被本国吸收的国内增加值。在全球价值链框架下，基于增加值计算 RCA 指数的国内研究还包括吕越等（2017）、吕云龙和吕越（2017），但这一系列的研究并没有区分前向和后向联系的增加值出口。

二、人力资本与人力资本结构对比较优势的影响

Grossman 和 Maggi（2000）最先提出人力资本分布差异可能是比较优势产生的原因。Bougheas 和 Riezman（2007）通过理论模型再次阐明，即使进行贸易的两个国家在人力资本总量上是相同的，但人力资本结构分布差异会导致两个国家不同的贸易模式，间接表明人力资本结构对构建贸易中不同国家比较优势的重要意义。Costinot（2009）构建了一个简单的贸易模型来分析国际贸易分工的决定因素，在自由贸易下的均衡说明，更好的制度和更多受过教育的工人在更复杂的行业中是比较优势的补充来源。Bombardini 等（2012）基于 Grossman 和 Maggi（2000）的研究认为，在劳动力市场存在搜寻摩擦时，人力资本相对分散的企业在要素替代程度高的部门具有比较优势。Asuyama（2012）的研究表明，中国在人力资本较为集中的生产链更长的行业（如制造业）有比较优势，而印度则在人力资本较为分散的生产链更短的行业（如服务业）具有比较优势。邵文波等（2015）在 Grossman 和 Maggi（2000）的理论基础上，基于劳动力技能匹配的视角，发现用人力资本结构差异解释国家间比

较优势时，还需要考虑不同替代弹性部门对劳动力技能匹配的要求，高替代弹性的部门需要技能差异大的劳动力进行生产。也就是说，只有部门特定技能劳动力相对丰裕的国家在该部门才有比较优势。Dash（2006）在研究服务外包行业比较优势的决定因素时指出，一个国家在服务业方面的比较优势至关重要的是其在技术和受过教育的人力资源方面的资源基础。黄玖立等（2014）指出，学校教育是人力资本积累的主要途径，也是一国比较优势的重要来源。

三、全球分工与比较优势的关系

Johnson（2012）曾指出，基于传统原产地原则统计的贸易量高估了一国出口的本地含量，导致高估一国的显示性比较优势。Dai（2013）以苹果手机的全球生产链的例子指出，随着全球化的不断深化，我们应该在全球价值链的框架下重新认识比较优势。Gurgul 和 Lach（2016）探究了欧盟新成员对欧盟在全球价值链中比较优势的影响。Peneder 和 Streicher（2016）首先基于全球价值链的分工思想重新测算了显示性比较优势指数，把国内需求中某部门所占的份额与生产份额相联系，并将贸易对其收入份额的直接影响分离开来，并进一步分析了一国比较优势与去工业化（de-industrialization）之间的关系。研究认为，比较优势丧失是一国去工业化的主要原因之一。国内也有少量学者在全球价值链视角下，在行业层面分析了中国相关行业的比较优势。吕越等（2017）基于全球价值链的视角考察了中国中间品市场分割对制造业出口的比较优势影响，发现中间品市场分割对产出波动性较大的行业和位于价值链分工下游的行业的出口比较优势具有更明显的负向影响。谢锐等（2017）在全球价值链框架下分析了中国产业国际竞争的动态变迁，通过构建基于增加值的显示性比较优势指数，发现中国产业国际竞争优势在 2000—2014 年间主要集中在制造业，尤其是劳动密集型制造业。中国服务业出口的显示性比较优势自 2000 年以来呈现了一定程度的提升，但存在行业差异。戴翔和刘梦（2018）的研究认为，人才与技术和制度匹配质量较高时，人才会促进中国制造业的价值链攀升，从而使人才发挥其"人才红利"的作用。

第四节　研究现状述评

总结来说，现有关于贸易与教育或人力资本的研究多是考察人力资本对贸易发展的促进作用，考察贸易对教育或者人力资本影响的研究相对较少。这些研究对本书的写作有一定的启示。

首先，现有理论研究为本书第二章在国际贸易理论框架下构建贸易自由化对教育投资决策的影响提供了有益参考。Findlay 和 Kierzkowski（1983）的理论研究首次将教育投资决策纳入贸易理论框架内，而 Falvey 等（2010）则在 FK 模型的基础上拓展了事前能力分布假设，使我们能够在贸易框架下将教育投资决策与能力阈值相联系。本书建模时也将利用能力阈值这一思想，通过关税反映贸易自由化水平，构建囊括个体能力、关税、教育投资决策在内的模型，以贴合本书后续的经验分析。

其次，现有国内的经验研究文献多用贸易开放度来衡量中国的贸易发展，以此考虑贸易对人力资本投资的影响。这也引发了著者的思考，更为准确地度量贸易自由化水平，不仅要从教育或人力资本投资决策，更要从人力资本结构的角度出发研究贸易自由化的影响。贸易发展会改变个体的教育投资决策，进而改变人力资本结构，反过来人力资本积累也会积极影响了贸易发展。这就导致我们在研究贸易自由化对人力资本结构影响时，必须要考虑到二者之间较强的内生性问题。已有研究提供了非常好的工具变量来解决二者之间的内生性，为本书研究寻找贸易自由化的工具变量提供了帮助。同时，已有研究的计量设计也为本书的研究提供了有益的参考。

最后，已有文献强调指出人力资本分布差异可能是比较优势产生的原因（Grossman and Maggi，2000）。经验文献多从人力资本与技能匹配的角度阐释了其对比较优势形成的作用。同时，中国经济参与全球价值链日益加深，不少文献在全球价值链框架下重新测度了比较优势指标。通过这些研究，我们不禁会思考，在全球价值链框架下人力资本结构会对比较优势形成哪些影响这一问题。这势必对中国追求的持续性经济增长有着强烈的现实意义。

当然，尽管现有研究在一定程度上启发了本书的研究，但我们也可以看到现有研究的局限。第一，缺乏从进口角度展开贸易自由化影响人力资本结构的研究。对于中国贸易冲击如何影响中国劳动力市场人力资本投资的研究，从现有文献来看，着重从出口的角度考察贸易对人力资本投资的影响，并从经验上识别了出口影响人力资本投资的渠道。从影响渠道来看，现有文献也证实进口贸易冲击通过对就业、工资等产生影响而改变个体教育投资的机会成本和预期收益，并最终改变个体的人力资本投资决策，鲜少有学者从进口的视角探究这一问题（赵春明等，2020；赵灿、刘啟仁，2019；佟家栋等，2021）。更重要的是，进口视角的研究主要聚焦进口扩张对人力资本积累或教育投资决策的影响，忽略了对人力资本结果的考察，但这无疑是值得我们进一步探究的研究话题。第二，缺乏在理论和经验上将贸易自由化、人力资本结构与比较优势纳入同一框架下的研究。人力资本是比较优势的内生来源之一，已有文献也强调指出了人力资本结构匹配对比较优势的重要影响（邵文波等，2015），但从文献的研究工作来看，无论是理论研究还是经验分析角度，都缺少直接将这三者纳入同一框架下的研究。这为本书的研究尝试系统探讨这三者之间的逻辑关系与互动效应提供了契机。

第二章 贸易自由化、人力资本投资与 比较优势：理论分析

企业异质性贸易理论框架下，企业具有差异化的生产率。贸易冲击导致产品份额在出口企业之间重新配置（Melitz，2003），这将从两方面影响企业对技能工人的相对需求：第一，从平均意义上讲，出口企业比非出口企业雇佣更多的技能型工人，这种重新配置效应会倾向于提高相对技能需求；第二，由于出口企业扩大生产，他们更可能升级自身的技术水平，相反非出口企业会因为缩小生产而导致技术倒退。由于不同技术要求的技能密集度不同，这种技术转换会改变相对技能需求，影响个体进行教育投资的预期收入和成本，并最终影响个体的教育投资决策。

　　人力资本投资理论认为，个体是否进行教育投资取决于教育投资的预期报酬与机会成本二者之间的比较。只有当预期报酬能够弥补教育投资的机会成本时，个体才会选择进行教育投资。大量研究表明，贸易自由化会影响一国的就业和工资（Yeaple，2005；Bernard et al.，2007；Autor，2013），这势必会进一步影响个体对教育投资的选择，最终影响人力资本结构[①] 及其结构分布。

　　本书第一章的内容为我们奠定了文献基础，在这一章我们试图完成以下几项工作：首先在 Findlay 和 Kierzkowski（1983）以及 Falvey 等（2010）的教育投资模型基础上得到个体教育投资决策函数；然后借鉴 Melitz（2003）、Bernard 等（2007）以及 Harrigan 和 Reshef（2015）的建模思路进行相关拓展，考察贸易自由化对就业和技能溢价的影响；最后在以上模型基础上考察贸易自由化分两种机制对个体教育投资决策的影响，并分析贸易自由化对人力资本结构的影响。在此基础上，进一步基于连续生产理论的逻辑思维，在全球价值链框架下在生产函数中嵌入代表竞争力的参数，考察在中国参与全球价值链分工中贸易自由化对竞争力的影响，并解析人力资本结构高级化对比较优势的影响。

　　本章可能的贡献如下：第一，国内既有研究贸易与人力资本或教育投资的文献一般更多关注出口贸易，在 H–O 理论框架下解释贸易对个体人力资本或教育投资决策的影响，本章则从进口贸易自由化的角度出发，在企业异质性贸易理论框架下讨论这一问题，并且发现了与 H–O 理论不一样的结论，且这一结论与 Bernard 等（2007）基于一体化均衡得到的结论吻合；第二，尽管相

---

① 本书的人力资本结构用不同受教育程度劳动人口占总劳动人口的比重来衡量，人力资本结构分布则用教育基尼系数来衡量，后文会对此进行详细说明。

当多经验文献从就业和收入的角度探索了贸易影响人力资本或教育投资的渠道分解，但从理论建模出发讨论的文献（Li，2018）却乏善可陈，本章的理论分析势必会对现有经验文献形成有益补充；第三，在连续生产理论框架下，通过在生产函数中嵌入体现比较优势的竞争力参数，解析贸易自由化对行业竞争力及比较优势的影响，使研究内涵更加丰富。

第一节　个体教育投资决策

一、教育产出函数

沿袭 Falvey 等（2006；2010）的假定，我们设定经济体中的事前能力 α 是有差异的，并且服从均匀分布 $\alpha \in [0,1]$。正如 Findlay 和 Kierzkowski（1983）的设定，个体在一开始就需要选择是以非技能劳动者 L 的身份进入劳动市场，获得简单的非技能劳动工资 W_L；还要通过一定时间教育，以技能劳动力 S 的身份进入劳动市场并获得更高的技能工资，技能工资与自身能力高度相关，为 αW_S。当然，进行教育投资是有成本的：额外的时间（为了简化模型，这里假定教育投资的时间是固定的，为 E）以及 $\beta \in [0,1]$ 效率单位的技能工人。每个工人一生的时间是外生给定的，固定为 T。这样，技能工人一生的工作时间实际上就是 $T-E$，而非技能工人的工作时间就是 T。

因此，技能工人的教育生产函数可表示为：

$$Q = F(S,E) \tag{2-1}$$

进而教育的单位技能产出表示式为：

$$q = f(k) \tag{2-2}$$

其中，$q = Q/E$，并且 $k = S/E$。也就是说，q 代表了个体使用了投入密度为 k 的教育资本，经过时间 E 获得的单位技能产出的数量。

二、个体教育投资决策函数

根据上面的假定和教育产出函数，我们可以得到个体进行教育投资的总报酬函数以及总成本函数：

$$R = \int_E^T w_S f(k) e^{-rz} \mathrm{d}z \tag{2-3}$$

$$TC = \int_{E}^{T} W_L e^{-rz}\mathrm{d}z + \int_{0}^{T} W_S f'(k)k e^{-rz}\mathrm{d}z + \int_{0}^{E} \beta W_s e^{-rz}\mathrm{d}z \qquad （2-4）$$

于是，根据以上教育投资的总报酬与总成本函数，可以得到教育投资的净利润函数：

$$R(\alpha) = \int_{E}^{T} \alpha W_S e^{-rz}\mathrm{d}z - \int_{E}^{T} W_L e^{-rz}\mathrm{d}z - \int_{0}^{E} W_L e^{-rz}\mathrm{d}z - \int_{0}^{E} \beta W_s e^{-rz}\mathrm{d}z \qquad （2-5）$$

式（2-5）等号右边第一项代表作为技能工人一生的工资收益；第二项代表作为技能工人期间放弃的作为非技能工人的工资；第三项代表整个生命周期技能工人放弃的作为非技能工资的工资，是一种机会成本；第四项代表进行教育投资时期劳动者进行教育投资的直接成本。r 是完备资本市场的利率。根据零利润条件可以求得个体进行教育投资的临界能力值：

$$\tilde{\alpha} = \frac{e^{rT}(e^{rE}-1)}{e^{rT}-e^{rE}}\beta + \frac{e^{rE}(e^{rT}-1)W_L}{(e^{rT}-e^{rE})W_S} = \Gamma\beta + (1+\Gamma)\omega = w + \Gamma(\beta + w) \qquad （2-6）$$

在这里，$\Gamma = \dfrac{e^{rT}(e^{rE}-1)}{e^{rT}-e^{rE}}$；$w = \dfrac{W_L}{W_S}$。于是，只要劳动者的能力高于能力阈值 $\tilde{\alpha}$，劳动者进行教育投资对自己就是有利的。在这当中，我们还可以发现：

$$\frac{\partial \tilde{\alpha}}{\partial w} = 1 + \Gamma > 0 \qquad （2-7）$$

也就是说，非技能工人的相对工资与进行教育投资的能力阈值成正比关系，相对工资越高，能力阈值也越高，越不利于劳动者进行教育投资。

在上述分析的基础上，为了分析年龄对劳动者教育投资的影响，特别假定 t 是劳动者在特定时间点上的年龄，当 $t=0$，代表劳动者首次跨入劳动市场。那么，t 就处在 0 到 T 之间。为方便分析，假设劳动者的年龄服从均匀分布，以保证在各个年龄上的劳动者数量一致。劳动者在任何时刻都可以选择进行教育投资。劳动者进行教育投资的净利润函数就变为：

$$R(\alpha,t) = \int_{t+E}^{T} (\alpha W_S - W_L) e^{-r(z-t)}\mathrm{d}z - \int_{t}^{t+E} (\beta W_S + W_L) e^{-r(z-t)}\mathrm{d}z \qquad （2-8）$$

从零利润条件可以求得能力阈值：

$$\tilde{\alpha}(t) = \frac{e^{rT}(e^{rE}-1)}{e^{rT}-e^{r(t+E)}}\beta + \frac{e^{rE}(e^{rT}-e^{rt})W_L}{(e^{rT}-e^{r(t+E)})W_S} = \Lambda\beta + (1+\Gamma)\omega = w + \Lambda(\beta + w) \qquad （2-9）$$

由于 $t \neq T-E$ ，并且 $\Lambda = \dfrac{e^{rT}(e^{rE}-1)}{e^{rT}-e^{rE}}$ ， $t < T-E$ ， $\Lambda > 0$ ， $\Lambda > \Gamma$ ；可以得到 $\tilde{\alpha}(t) > \tilde{\alpha}$ 。进一步地，我们可以得到年龄与教育投资的能力阈值之间的关系：

$$\frac{\partial \tilde{\alpha}(t)}{\partial t} = \frac{e^{r(E+t+T)}(e^{rE}-1)r(\beta+w)}{(e^{rT}-e^{r(t+E)})^2} > 0 \tag{2-10}$$

可见，对于年龄越大的劳动者，进行教育投资获得净利润的最小能力阈值越高，越不利于教育投资行为。

第二节 贸易自由化与人力资本投资：技能溢价渠道

本节的建模思路参考了 Melitz（2003）、Bernard 等（2007）以及 Harrigan 和 Reshef（2015）的研究。其中，Bernard 等（2007）是在 Melitz（2003）的基础上与新古典贸易理论模型做了巧妙的结合。Bernard 等人将 Melitz（2003）的企业异质性拓展到生产率和技能（技能工人与非技能工人）两个维度，并假定进行贸易的两国存在禀赋差异，用一体化均衡解释了两种要素（技能劳动力和非技能劳动力）在贸易自由化后的再分配效应。Harrigan 和 Reshef（2015）则在 Melitz（2003）以及 Bernard 等（2007）的基础上，考虑企业生产率是技术偏向型的，企业的异质性保持与 Bernard 等（2007）一样，但 Harrigan 和 Reshef（2015）在刻画企业技能差异的时候考虑企业的技能偏向型技术由技能份额和技术敏感度两个因素共同决定。在这样的假设下，理论模型解释了贸易成本下降提高了无论是技能丰裕国家还是非技能丰裕国家的技能工人的相对工资。我们的工作是在此基础上考虑对称的国家情形，结合教育投资决策函数，进一步解析贸易自由化对个体教育投资决策的影响，以及对人力资本结构的影响。

一、需求侧分析

模型假定代表性消费者，其偏好由标准的不变替代弹性（CES）效用形式给出：

$$U = [\int_{\omega \in \Omega} q(\omega)^\rho d\omega]^{1/\rho} \tag{2-11}$$

其中，替代弹性 $\sigma = 1/(1-\rho) > 1$ 。通过在预算约束条件下最大化消费者的效用函数可以得到消费者对种类 ω 的需求函数，将其代入效用函数中，根据 Dixit 和 Stiglitz（1977）的研究，消费者行为可以通过将可消费产品类似于一个整体产品 $Q \equiv U$，从而得到整体价格指数：

$$P = \left[\int_{\omega \in \Omega} p(\omega)^{1-\sigma} \mathrm{d}\omega\right]^{\frac{1}{1-\sigma}} \tag{2-12}$$

将整体价格指数代入种类 ω 的需求函数之中，可以得到消费者对种类 ω 的需求函数和支出函数，其中包含整体层面的需求、支出和价格指数，具体表示为：

$$q(\omega) = Q\left[\frac{p(\omega)}{P}\right]^{-\sigma} \tag{2-13}$$

$$r(\omega) = R\left[\frac{p(\omega)}{P}\right]^{1-\sigma} \tag{2-14}$$

在这种 CES 效用函数以及市场结构的假设框架下，企业按不变成本加成定价：

$$p_d(\varphi) = \frac{(w_S)^{\alpha}(w_L)^{1-\alpha}}{\rho \varphi} \tag{2-15}$$

其中，$\rho = \dfrac{\sigma - 1}{\sigma}$，$d$ 代表国内市场。假定贸易是有成本的，并以冰山成本 $\tau > 1$ 来体现。此时，出口市场定价可表示为：

$$p_x(\varphi) = \frac{\tau(w_S)^{\alpha}[w_L]^{1-\alpha}}{\rho \varphi} \tag{2-16}$$

二、生产侧分析

模型假设如下：世界由两个经济体组成，为简化模型分析，我们设定进行贸易的两个国家——本国 H 和外国 F 是对称的；生产使用两种生产要素，技能劳动力 S 和非技能劳动力 L。企业异质性体现在生产率和技能强度两个方面[1]，其中技能强度用企业技能工人与总成本的比值 α 来体现。此外，我们还假定技能强度 α 与企业异质性生产率 φ 取自同一分布 $G(\alpha,\varphi)$，企业生产率 φ 将与 α 高度正相关。所有企业面临相同的固定成本，但可变成本因为 α 与 φ 而不同。无论是固定成本还是可变成都与两种生产要素有关，但所有企业面

---

[1] Dunne 等（2004）以及 Harrigan 和 Reshef（2015）都发现传统定义的产业内和产业间存在技能强度的变化。

临的固定成本与生产率无关。假定柯布－道格拉斯的成本函数，在 Melitz 框架得到总成本函数以及边际成本函数：

$$\Gamma_i = [f_i + \frac{q_i}{\varphi}](w_S)^{\alpha}(w_L)^{1-\alpha} \tag{2-17}$$

$$MC(\varphi, \ \alpha, \ w_L, w_S) = \frac{(w_S)^{\alpha}(w_L)^{1-\alpha}}{\varphi} \tag{2-18}$$

其中，w_S 是技能工人工资，w_L 是非技能工人工资。在此基础上，根据谢泼德引理（Shepard's lemma）可以得到可变成本单位产出中使用的技能与非技能工人要素，进一步可以得到可变成本中的要素密集度：

$$\frac{s^H}{l^H}(\alpha, \frac{w_S}{w_L}) = \frac{\alpha}{1-\alpha} \frac{w_L}{w_S} \tag{2-19}$$

为了突出技能强度，我们在这里取 $\phi(\varphi, \ \alpha, \ w_L, w_S) = \dfrac{\varphi}{(w_S)^{\alpha}(w_L)^{1-\alpha}}$，将其作为一个综合变量来反映企业的竞争力，而不仅仅是 Melitz（2003）中的生产率差异。

贸易是有成本的，也就是冰山型的贸易成本 $\tau > 1$，只有克服市场沉没进入成本以及生产固定成本的企业才可能继续生产并销售。由于我们已经假定企业面临的固定成本只与企业所用两种要素有关，这里假定进入的沉没成本表示为 $f(w_S, w_L)f_e$，之后可以了解自身的生产率水平，进入国内市场生产的固定成本是 $f(w_S, w_L)f$，进入出口市场生产并销售的固定成本表示为 $f(w_S, w_L)f_x$。现在结合上面的定价决策，我们得到企业在市场上的利润函数：$\pi(\phi) = r(\phi) - TC(\phi)$，进一步具体化后，得到企业在两个市场的利润函数：

$$\pi_d(\phi) = \frac{r_d(\phi)}{\sigma} - f(w_S, w_L)f \tag{2-20}$$

$$\pi_x(\phi) = \frac{r_x(\phi)}{\sigma} - f(w_S, w_L)f_x \tag{2-21}$$

对于出口企业的收益而言，有 $r_x(\phi) = p_x q_x = \tau^{1-\sigma} r_d(\phi)$。同时，任意两个企业的产出和收益的比例为：

$$\frac{q(\phi_1)}{q(\phi_2)} = (\frac{\phi_1}{\phi_2})^{\sigma} \tag{2-22}$$

$$\frac{r(\phi_1)}{r(\phi_2)} = (\frac{\phi_1}{\phi_2})^{\sigma-1} \qquad (2\text{-}23)$$

三、开放经济下的均衡分析

（一）产品市场均衡

首先，企业只有在出口利润大于零的时候才会选择进入出口市场。因此，根据零利润条件可以得到：

$$r_d(\phi^*) = \sigma f(w_S, w_L) f \qquad (2\text{-}24)$$

$$r_x(\phi^*) = \sigma f(w_S, w_L) f_x \qquad (2\text{-}25)$$

根据式（2-22）、（2-23）、（2-24）、（2-25），可以得到以下关系：

$$\phi_x^* = \phi^* \tau (\frac{f_x}{f})^{\frac{1}{\sigma-1}} \qquad (2\text{-}26)$$

根据上式可以明确，当 $\tau(\frac{f_x}{f})^{\frac{1}{\sigma-1}} > 1$ 时，$\phi_x^* > \phi^*$，这意味着出口企业同时也会在国内市场生产并销售。由于在上文中我们设定了 ϕ 由企业生产率 φ 和技能密集度 α 共同决定，也就是说二者共同决定了企业能否出口。对此，我们可以定义域，使当 φ 与 α 处于相应域区间时恰好识别企业的出口状态：

$$D(\phi^*, w_S, w_L) = \{(\varphi, \alpha) \in [0,1] \times \mathbb{R}_+^1 : \phi^* \leqslant \frac{\varphi}{w_S{}^{\alpha} w_L{}^{1-\alpha}}\} \qquad (2\text{-}27)$$

$$X(\phi_x^*, w_S, w_L) = \{(\varphi, \alpha) \in [0,1] \times \mathbb{R}_+^1 : \phi_x^* \leqslant \frac{\varphi}{w_S{}^{\alpha} w_L{}^{1-\alpha}}\} \qquad (2\text{-}28)$$

当企业的竞争力参数 $(\varphi, \alpha) \in D$ 时，企业仅在国内市场上生产并销售；当 $(\varphi, \alpha) \in X$ 域区间时，企业就会选择出口了。企业出口前，面临事前的竞争力，得到在位厂商在国内市场以及出口的概率分别是：

$$\chi_d = \iint_{(\varphi, \alpha) \in D} g(\alpha, \varphi) \mathrm{d}\alpha \mathrm{d}\varphi \qquad (2\text{-}29)$$

$$\chi_x = \iint_{(\varphi, \alpha) \in X} g(\alpha, \varphi) \mathrm{d}\alpha \mathrm{d}\varphi \qquad (2\text{-}30)$$

其中，$g(\alpha,\varphi)=\partial^2 G/\partial\alpha\,\partial\varphi$。因此，可以得到总的平均竞争力水平分别为：

$$\tilde{\phi}(\phi^*)=[\chi_d^{-1}\iint_{(\varphi,\alpha)\in D}\phi(\alpha,\varphi)^{\sigma-1}\mathrm{g}(\alpha,\varphi)\mathrm{d}\alpha\mathrm{d}\varphi]^{\frac{1}{\sigma-1}} \tag{2-31}$$

$$\tilde{\phi}_x(\phi_x^*)=[\chi_x^{-1}\iint_{(\varphi,\alpha)\in X}\phi(\alpha,\varphi)^{\sigma-1}\mathrm{g}(\alpha,\varphi)\mathrm{d}\alpha\mathrm{d}\varphi]^{\frac{1}{\sigma-1}} \tag{2-32}$$

那么，平均利润水平就可以表示如下：

$$\overline{\pi}=\pi_d(\tilde{\varphi})+\chi\pi_x(\tilde{\phi}_x) \tag{2-33}$$

在临界竞争力水平的企业满足自由进入条件：

$$\frac{\chi_d}{\delta}\overline{\pi}=\omega(w_S,w_L)f_e \tag{2-34}$$

其中，δ 代表企业进入的净收益的折现率，对自由进入条件具体化，得：

$$f\iint_{(\varphi,\alpha)\in D}[(\frac{\phi(\alpha,\varphi)}{\phi^*})^{\sigma-1}-1]\mathrm{g}(\alpha,\varphi)\mathrm{d}\alpha\mathrm{d}\varphi+f_x\iint_{(\varphi,\alpha)\in X}[(\frac{\phi(\alpha,\varphi)}{\phi_x^*})^{\sigma-1}-1]\mathrm{g}(\alpha,\varphi)\mathrm{d}\alpha\mathrm{d}\varphi=\delta f_e \tag{2-35}$$

（二）劳动力市场均衡

模型假定了企业对劳动力（技能劳动力与非技能劳动力）需求取决于技术 (α,φ) 和要素价格，也就是说即使两个有相同 ϕ 的企业，也可能对劳动有不一样的需求。根据 ϕ 的假定以及式（2-15）及（2-16）和 $r_x(\phi)$ 和 $r_d(\phi)$ 的表达式，可以求出国内和出口两个市场上的产出水平：

$$q_d(\alpha,\varphi)=R(P)^{\sigma-1}(\frac{\rho\varphi}{w_S^{\alpha},w_L^{1-\alpha}})^{\sigma} \tag{2-36}$$

$$q_x(\alpha,\varphi)=\tau^{1-\sigma}q_d(\alpha,\varphi) \tag{2-37}$$

均衡中企业总数量为 M，出口企业的总数量是 $M_x=\chi M$。可变成本中的总劳动需求等于单个企业的总劳动需求与企业数量的乘积，从而根据式（2-19）以及式（2-36）和（2-37）得到：

$$H_v(\phi^*,w_S,w_L)=\chi_d^{-1}M\rho^{\sigma}RP^{\sigma-1}\times[\iint_{(\varphi,\alpha)\in D}\widetilde{H}_{dv}\mathrm{g}(\alpha,\varphi)\mathrm{d}(\alpha,\varphi)+\tau^{1-\sigma}\iint_{(\varphi,\alpha)\in X}\widetilde{H}_{dv}\mathrm{g}(\alpha,\varphi)\mathrm{d}(\alpha,\varphi)]$$

$$\tag{2-38}$$

$$L_v(\phi^*,w_S,w_L)=\chi_d^{-1}M\rho^{\sigma}RP^{\sigma-1}\times[\iint_{(\varphi,\alpha)\in D}\tilde{L}_{dv}\mathrm{g}(\alpha,\varphi)\mathrm{d}(\alpha,\varphi)+\tau^{1-\sigma}\iint_{(\varphi,\alpha)\in X}\tilde{L}_{dv}\mathrm{g}(\alpha,\varphi)\mathrm{d}(\alpha,\varphi)]$$

$$\tag{2-39}$$

根据上面两个方程，我们就可以得到经济体中可变成本对应的总的相对技能需求：

$$\frac{H_v(\phi^*,w_S,w_L)}{L_v(\phi^*,w_S,w_L)}=\frac{[\iint\limits_{(\varphi,\alpha)\in D}\widetilde{H}_{dv}g(\alpha,\varphi)\mathrm{d}(\alpha,\varphi)+\tau^{1-\sigma}\iint\limits_{(\varphi,\alpha)\in X}\widetilde{H}_{dv}g(\alpha,\varphi)\mathrm{d}(\alpha,\varphi)]}{[\iint\limits_{(\varphi,\alpha)\in D}\widetilde{L}_{dv}g(\alpha,\varphi)\mathrm{d}(\alpha,\varphi)+\tau^{1-\sigma}\iint\limits_{(\varphi,\alpha)\in X}\widetilde{L}_{dv}g(\alpha,\varphi)\mathrm{d}(\alpha,\varphi)]}\qquad(2\text{-}40)$$

　　现在我们将目光转向固定成本中的劳动需求，根据模型开始的设定可以发现，固定成本变化引起的对技能工人的相对需求不会影响总成本变化对技能工人相对需求的变化。据此，可以得到劳动力市场出清的条件：

$$\frac{H_v(\phi^*,w_S,w_L)}{L_v(\phi^*,w_S,w_L)}=\frac{H}{L}\qquad(2\text{-}41)$$

　　现在，我们选择非技能工人工资作为标准计价物，即 $w_L=1$。那么，w_S就表示技能工人的相对工资。式（2-35）和式（2-41）共同决定了变量 ϕ^* 和 w_S 的均衡取值。

　　当生产率 φ 保持不变时，由于技能溢价 $w_S/w_L>1$，因此雇佣技能工人份额越大的企业的成本也越高。也就是说，当企业从生产率分布中抽取自身的生产率，且技能份额 α 与生产率 φ 高度正相关时，出口企业的技能密集度就会高于平均水平。此时，更高的技能份额就意味着企业拥有更高的竞争力 ϕ。

　　我们在要素价格保持不变时，分析贸易自由化对相对工资的影响。此时，正如 Melitz（2003）一样，经济体从封闭转向开放会因为进口竞争效应和出口市场资源分配效应而减少国内市场企业收益。在新的均衡中，企业临界竞争力 ϕ^* 上升，并且当存在贸易成本时，出口企业的临界竞争力水平 $\phi_x^*>\phi^*$。对于新进入的出口企业而言，技能工人的需求增加；而对于非出口企业而言，非技能工人的需求增加。由于我们假设 α 和 φ 同时取自分布 $G(\alpha,\varphi)$，出口企业的技能密集度在平均意义上高于非出口企业，于是根据式（2-40），出口企业扩张和非出口企业规模萎缩会导致对技能工人的相对需求上升。为了满足劳动力市场出清条件（式（2-41）），技能溢价必定上升。因此，我们可以得到结论1：

　　如果进行贸易的两国是对称的，并且企业是技能偏向型的异质性企业，经济体由封闭转向有成本的贸易会提高贸易双方技能工人的技能溢价。

　　Melitz（2003）在关于企业如何面对贸易自由化的资源配置效应时的结论指出，最低生产率企业退出市场，介于出口临界值之下和国内市场临界值之上的企业会在国内生产并销售，只有高于出口临界值的企业会出口。随着一部分企业退出市场，在位企业就扩大了自己的市场份额。这对自身生产率水平以及竞争力水平提出了新的要求，由于企业雇佣的技能工人份额与生产率高度相关，预示着企业会增加对技能工人的雇佣水平，从而提高技能溢价水平。

事实上，已有基于企业异质性的其他相关文献已经从多个渠道证明了贸易自由化会增加对技能工人的需求，从而提高技能溢价。Yeaple（2005）的理论模型刻画了贸易成本下降对异质性工人在产业间的再配置效应，指出贸易成本下降促使低技能产业内的工人向高技能产业移动。这是因为贸易成本下降促使企业进行技能升级，从而增加了对技能工人的需求，提高了技能工人的相对工资。Bas（2012）通过基于阿根廷与巴西贸易的经验分析发现，贸易自由化使企业增加了技能升级的投资，并且规模更大的企业投资更多。也就是说，大企业以牺牲小企业的市场份额为代价，获得世界市场，并提高了对技能工人的需求。

我们也可以借助图形加深在企业异质性贸易框架下认识贸易自由化对劳动力市场的影响。如图 2-1 所示，X 代表技能份额较大企业生产的产品，Y 则代表技能份额较小企业生产的产品，初始均衡点为 E_0（根据模型的假定，$w_S/w_L > 1$）。随着贸易自由化程度的加深，平均而言，国内对技能工人的相对需求提高，产出增加，X_0 曲线向右上方移动，新的均衡点为 E_1。从两条虚线的变化可以看出，高技能劳动力的相对报酬（即技能溢价）上升。

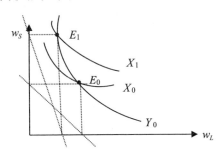

图 2-1　贸易自由化对技能溢价的影响分析

第一节的内容向我们展示了个体教育投资决策的充分条件，即只有处于能力阈值之上的个体才会做出教育投资的决策，并且根据式（2-7）我们还可以知道，教育投资决策的能力阈值与技能工人相对工资成反比，即技能工人的相对工资越高，进行教育投资的能力阈值越低，越有利于个体进行教育投资。而根据第二节的结论可以推导出 $\frac{\partial(w_S/w_L)}{\partial \tau} < 0$，即贸易成本 τ 下降会提高国内

的相对工资 w_S/w_L，也就是说贸易自由化提高了国内的技能溢价水平。

为了得到贸易自由化对个体教育投资决策的影响，我们用教育投资的能力阈值对贸易成本求导：

$$\frac{\partial \tilde{\alpha}}{\partial \tau} = \frac{\partial \tilde{\alpha}}{\partial (w_S/w_L)} \frac{\partial (w_S/w_L)}{\partial \tau} > 0 \qquad （2-42）$$

对此，我们提出本书的第一个理论假说：

理论假说 1：贸易自由化通过提高国内技能工人的技能溢价，提高个体进行教育投资的预期报酬，降低个体进行教育投资的能力阈值，激励个体进行教育投资。

理论假说 1 在模型中的逻辑如下：由于存在贸易成本，贸易开放提高了进入出口市场的竞争力临界值，在贸易自由化不断深化的过程中，只有最具竞争力、成本最低 / 技能密集度高的企业出口并扩大规模，但技术密集度较低的非出口企业面临日益增加的进口竞争，要么退出市场，要么缩小规模。平均而言，竞争力伴随着对技能的更高需求，企业的这种结构变化以及企业规模变化提高了对技能工人的总需求，从而提高了技能溢价水平。而技能溢价上升又直接正向影响了个体面临教育投资决策时接受教育带来的预期报酬，提高了个体进行教育投资的可能性。

理论假说 1 阐明贸易自由化会激励个体进行教育投资，增加自身的受教育年限和受教育程度。由于我们分别利用不同受教育程度的劳动人口占行业或者城市总劳动人口的比重来刻画人力资本结构，贸易自由化势必通过激励个体劳动者增加教育投资而提高人力资本结构中中等、高等受教育程度劳动人口的比重，结合刘智勇等（2018）对人力资本结构高级化的定义，即人力资本结构表现为低教育程度人力资本比重逐步下降、高教育程度人力资本比重不断上升，贸易自由化最终会推动人力资本由初级向高级演进，因此可以推断出，贸易自由化将促进人力资本结构高级化，这形成了我们的第一个理论推论：

理论推论 1：贸易自由化通过鼓励个体进行教育投资，增加受教育年限，推动了人力资本结构由初级向高级演进。

第三节　贸易自由化与人力资本投资：就业效应渠道

基于新古典劳动力市场框架下的理解认为，就业岗位增加对劳动者教育投资的影响取决于新增就业岗位对技能的要求。如果新增就业要求较高的技能水平，获得更高的教育水平就会变得更有吸引力，从而激励个体增加教育投资。相反，低技能工作岗位的增加会使继续留在学校的机会成本上升而预期收益下降，从而激励劳动者减少教育投资。我们在这一节将继续上文的理论推导，并结合相关文献，基于贸易自由化与就业关系，从不同渠道考察贸易自由化对劳动者教育投资的影响。

一、贸易自由化的就业创造与破坏效应

设定均衡中经济体内总的企业数量为 M ，则：

$$M = \frac{R}{\bar{r}} \tag{2-43}$$

根据封闭经济和开放经济中企业平均收益表达式，分别求出均衡中国内市场上在位企业数量：

$$M_a = \frac{R}{\bar{r}} = \frac{H+L}{\sigma(f + \frac{\delta f_e}{\chi_d})} \tag{2-44}$$

$$M_t = \frac{R}{\bar{r}} = \frac{H+L}{\sigma(f + \chi f_x + \frac{\delta f_e}{\chi_d})} \tag{2-45}$$

比较式（2-44）和式（2-45），由于 $\chi f_x > 0$ ，可以得到 $M_t < M_a$ 。也就是说，一国从封闭经济到开放经济，伴随着差异化生产率企业不断地进入与退出市场，最终国内市场上的在位企业数量下降，被国外出口企业代替。这是因为最低竞争力的那部分企业由于生产无法补偿固定生产成本而退出了市场，形成了一种就业损失（Bernard et al.，2007）。

与此同时，贸易自由化还具有就业创造效应，Bernard 等（2007）的研究指出，在各行业中，高生产率企业会产生总就业创造，从而不断扩张、开拓海外市场。这同样适用于本书理论模型，我们认为高生产率伴随着高技能，从而具有更高的竞争力，也就是说有成本的贸易，通过企业自选择效应和资源配置效应同时产生了就业创造和就业损失。就业创造针对更有竞争力的企业，而就业损失则针对竞争力更弱的企业，贸易自由化最终的就业创造效应的类型取决于这二者之间的比较。

更重要的是，尽管就业创造效应针对更高竞争力的企业，但行业之间本身存在技能密集度差异，单纯就贸易自由化的就业创造效应而言，如果高技能密集度的行业的就业创造效应较低技能密集度行业更大，也就是对高技能工作岗位的需求更大，就会提高企业对高技能工人的需求量。

二、就业机会与人力资本投资

根据以上贸易自由化对就业影响的分析，结合新古典劳动市场框架下的分析，可以得到这样的结论：如果贸易自由化的就业创造效应中，高技能密集度行业的就业创造效应高于低技能密集度行业，也就是说贸易自由化产生了高技能工作岗位的净增加效应，从而对理性的个体而言，获得更高的教育水平将是更好的选择；而如果就业创造产生了低技能工作岗位的净增加效应，那么对理性的个体而言，增加了继续留在学校学习的机会成本，离开学校而进入劳动力市场会是更有吸引力的选择。这一分析意味着以下不等式：

$$\frac{\partial \widetilde{\alpha}}{\partial \tau} = \frac{\partial \widetilde{\alpha}}{\partial S} \frac{\partial S}{\partial \tau} < 0 \tag{2-46}$$

$$\frac{\partial \widetilde{\alpha}}{\partial \tau} = \frac{\partial \widetilde{\alpha}}{\partial L} \frac{\partial L}{\partial \tau} > 0 \tag{2-47}$$

式（2-46）和式（2-47）表明，如果贸易自由化的净就业创造效应增加了高技能工作岗位，就会降低个体进行教育投资的能力阈值，从而鼓励个体做出教育投资决策；而如果贸易自由化的净就业创造效应增加了低技能工作岗位，就会提高个体进行教育投资的能力阈值，从而不利于个体做出教育投资决策。因此，我们可以得到本书的第二个理论假说：

理论假说 2：贸易自由化通过就业创造效应影响个体做出进行教育投资决策，取决于净就业创造是否增加了高技能工作岗位数量。

第四节　贸易自由化与人力资本结构对比较优势的影响

现有文献多次指出人力资本是比较优势的一种重要来源（Findlay and Kierzkowski，1983），同时还强调人力资本分布差异可能是比较优势产生的原因（Grossman and Maggi，2000），以及强调人力资本结构差异与行业劳动力技能匹配共同决定比较优势（邵文波等，2015）。受已有研究的逻辑启发，结合本章已完成的理论建模，我们试图在连续生产的思路下，设定不同的生产阶段代表不同的竞争优势，并且这种差异化的竞争优势对高技能劳动力（高等受教育程度劳动在总成本中的比重）需求也不同，越靠近最终产品生产，技能要求越低。最终在这样的建模思路下，考察贸易自由化、人力资本结构与比较优势三者之间的关系。

一、生产成本函数与比较优势

现在，借鉴 Dixit 和 Grossman（1982）的连续生产模型思想，在第二节生产函数的假定基础上，增加如下假定：①行业在参与全球生产分工时，处在不同生产阶段 n，对技能劳动份额需求不同，决定了比较优势来源变化；生产阶段 $n \in [0,1]$，$n=1$ 代表最终产品，n 越小，表明生产阶段的上游度越高。我们用总劳动成本中不同受教育程度劳动者在总成本中的比重代表技能强度，高等教育学历的劳动者被认为是高技能劳动，中等教育学历劳动者被认为是中等技能，初级教育劳动者则被认为是低技能。如此，在全球价值链框架下，基于连续生产的这种比较优势来源变化就由技能份额来决定，随着生产阶段向上游移动，比较优势的来源逐渐表现为技能劳动份额增加，此时高等学历劳动的比重增加。②企业异质性体现在生产率异质性和生产阶段异质性。③现在我们将不再考虑技能强度与生产率的联合分布问题。根据增加的假定，新的生产函数①的表达式如下：

$$TC(\varphi,n) = [f + \frac{q(\omega)}{\varphi}]w_S^{\alpha(n)}w_L^{1-\alpha(n)} \tag{2-48}$$

其中，根据上述假定可以知道 $\alpha'(n)<0$。企业的生产率 φ 服从帕累托分布，形状参数为 k，规模参数为 b；其中，形状参数 $k > \sigma-1$，规模参数 b 简化为 1。生产率的分布函数为 $G(\varphi)=1-\varphi^{-k}$。

在 Melitz（2003）的框架下，根据垄断竞争市场条件下企业的定价原则，可以得到：

$$p(\varphi) = \frac{(w_S)^{\alpha(n)}(w_L)^{1-\alpha(n)}}{\rho\varphi} \tag{2-49}$$

---

① 本书在生产函数上嵌入生产阶段的做法借鉴了王胜（2018）的思想。

企业利润由企业的收益与总成本决定：

$$\pi(\varphi) = r(\varphi) - TC(\varphi) = \frac{r(\varphi)}{\sigma} - f w_S{}^{\alpha(n)} w_L{}^{1-\alpha(n)} \qquad （2-50）$$

同时，任意两个企业的产出和收益的比值为：

$$\frac{q(\varphi_1)}{q(\varphi_2)} = (\frac{\varphi_1}{\varphi_2})^{\sigma}, \quad \frac{r(\varphi_1)}{r(\varphi_2)} = (\frac{\varphi_1}{\varphi_2})^{\sigma-1} \qquad （2-51）$$

二、开放经济下的均衡分析

这里对开放经济中进行贸易的两个国家的假定保持与前文研究一致。由于存在沉没进入成本，企业进入出口市场并生产既需要克服沉没进入成本，还要能克服生产成本，因此在位企业成功出口的事前概率由 $p_x = [1 - G(\varphi_x^*)]/[1 - G(\varphi^*)]$ 表示，φ^* 和 φ_x^* 分别表示国内市场和出口市场的临界生产率。企业出口需要同时满足零利润条件和自由进入条件。其中，满足零利润条件由以下两个方程决定：

$$\pi_d(\varphi) = \frac{r_d(\varphi)}{\sigma} - f w_S{}^{\alpha(n)} w_L{}^{1-\alpha(n)} = 0 \qquad （2-52）$$

$$\pi_x(\varphi) = \frac{r_x(\varphi)}{\sigma} - \tau f_x w_S{}^{\alpha(n)} w_L{}^{1-\alpha(n)} = 0 \qquad （2-53）$$

根据零利润条件和式（2-51）可以得到：

$$\varphi_x^* = \varphi^* \tau (\frac{f_x}{f})^{1-\sigma} \qquad （2-54）$$

在不考虑折旧的情况下，自由进入条件可以由下式给出：

$$\frac{f_e M}{1 - G(\varphi^*)} = \frac{1 - G(\varphi_x^*)}{1 - G(\varphi^*)} M \pi_x + M \pi_d \qquad （2-55）$$

其中，M 代表总企业数量，则 $\dfrac{M}{1 - G(\varphi^*)}$ 代表成功进入的总数量，$\dfrac{1 - G(\varphi_x^*)}{1 - G(\varphi^*)} M$ 代表成功出口的企业总数量。

根据自由进入条件和零利润条件得到的关系式（式（2-54）），可以得到出口市场的临界生产率：

$$\varphi_x^* = \tau (\frac{f_x}{f})^{1-\sigma} \{ \frac{\sigma-1}{k-(\sigma-1)} \frac{f}{f_e} [1 + \tau^{-k} (\frac{f_x}{f})^{\frac{\sigma-k-1}{\sigma-1}}] \}^{\frac{1}{k}} [w_S{}^{\alpha(n)} w_L{}^{1-\alpha(n)}]^{\frac{1}{k}} \qquad （2-56）$$

将临界生产率对贸易成本求偏导，得到下式：

$$\frac{\partial \varphi_x^*}{\partial \tau} = \left(\frac{f_x}{f}\right)^{1-\sigma}\left[\frac{\sigma-1}{k-(\sigma-1)}\frac{f}{f_e}\right]^{\frac{1}{k}}\left[w_S^{a(n)}w_L^{1-a(n)}\right]^{\frac{1}{k}}\left\{\left[1+\tau^{-k}\left(\frac{f_x}{f}\right)^{\frac{\sigma-k-1}{\sigma-1}}\right]^{\frac{1}{k}}-\left[1+\tau^{-k}\left(\frac{f_x}{f}\right)^{\frac{\sigma-k-1}{\sigma-1}}\right]^{\frac{1}{k}-1}\tau^{-k}\left(\frac{f_x}{f}\right)^{\frac{\sigma-k-1}{\sigma-1}}\right\}$$

（2-57）

要判断上式的符号，需要分别判断式（2-57）右边大括号内外的符号。首先，因为 $k>\sigma-1$，则可以得到式（2-57）大括号前的整个式子大于零；其次，为简化分析，假定 $[1+\tau^{-k}(\frac{f_x}{f})^{\frac{\sigma-k-1}{\sigma-1}}]=A$，则可求得大括号里面两个式子的比值 $\frac{A^{\frac{1}{k}}}{A^{\frac{1}{k}-1}\tau^{-k}(\frac{f_x}{f})^{\frac{\sigma-k-1}{\sigma-1}}}=A\tau^k(\frac{f_x}{f})^{\frac{k-(\sigma-1)}{\sigma-1}}>1$，从而确保大括号里面的式子大于零，并最终确定 $\frac{\partial \varphi_x^*}{\partial \tau}>0$。

现在我们将式（2-57）两边同时取对数，并对生产阶段 n 求偏导，得到 $\frac{\partial \ln \varphi_x^*}{\partial n}=\frac{1}{k}a'(n)\ln\frac{w_S}{w_L}$，由于我们已经假定技能溢价为正，可以得到 $\ln\frac{w_S}{w_L}>0$，且 $a'(n)<0$，因此得到 $\frac{\partial \ln \varphi_x^*}{\partial n}<0$。而我们关注的则是 $\frac{\partial n}{\partial \tau}$ 的符号，即贸易成本变化对生产阶段选择的影响，由于生产阶段差异反映了比较优势来源变化，并且用不同受教育程度劳动力比重反映差异化的匹配相应生产阶段的技能强度，最终我们得以据此考察贸易自由化、人力资本结构和比较优势三者之间的关系。利用下面的方程得到 $\frac{\partial n}{\partial \tau}$ 的符号：

$$\frac{\partial \varphi_x^*}{\partial \tau}=\frac{\partial \varphi_x^*}{\partial n}\times\frac{\partial n}{\partial \tau}>0$$

（2-58）

结合上文已有的分析，可以判断出 $\frac{\partial n}{\partial \tau}<0$，据此我们可以得到本书的第三个理论假说。

理论假说 3：随着贸易成本的下降，贸易自由化程度不断深化，企业参与全球分工的生产阶段向上游移动，竞争优势逐渐向高技能转变。由于技能强度由不同受教育程度劳动人口在总劳动人口中的占比表示，受高等教育劳动者占比增加会提高企业的比较优势。

本章小结

本章在企业异质性模型框架下，首先考虑企业雇佣劳动者异质性，认为技能劳动力在总成本中的比例与企业生产率高度正相关。基于这样的建模基础，研究了贸易自由化通过两种机制对个体的教育投资决策产生不同的影响。随后受连续生产理论建模思路的启发，基于全球生产分工思想，在 Melitz（2003）的生产函数中嵌入生产阶段，并将不同的生产阶段定义成不同的竞争力优势，用以体现比较优势来源，生产阶段越向上游移动，技能强度要求越高，高等受教育劳动成为比较优势来源；生产阶段离最终产品生产越近，技能强度要求越低，则中低等受教育程度劳动成为比较优势来源。贸易自由化影响个体教育投资的机制在本章理论模型中主要表现为以下两种：

首先，一国从封闭经济转向开放，如果贸易是有成本的，则只有少数可以克服出口固定成本的企业才会选择出口，并且由于开放产生的进口竞争提高了企业出口的临界竞争力水平。这一过程伴随着新的高竞争力企业的进入与低竞争力企业的退出，即企业的自我选择效应，市场资源被重新配置，低竞争力企业退让出的市场份额被高竞争力企业抢占，高竞争力企业进而不断扩大规模，在竞争中对技能水平有了新的需求，从而提高了技能溢价水平。而教育投资决策函数告诉我们，提高技能溢价水平，会增加个体对投资教育在未来的期望报酬，鼓励个体进行教育投资。基于这样的理论假说，我们进一步分析认为，贸易自由化会促进人力资本结构由初级向高级演进。

其次，经济体在开放过程中，伴随着企业的进入与退出，不仅企业规模发生变化，还因此产生了就业创造和就业损失效应（Bernard et al., 2007）。在企业异质性与 H-O-S 的理论框架下，Bernard 等人基于一体化均衡的结果认为，贸易自由化对产业间的资源产生再配置效应，体现在这样两个方面：一是具有比较优势的行业因贸易产生的就业创造效应；从封闭经济转向有成本的贸易，具有更高生产率的出口企业的事后利润更高，提高了各行业进入出口市场的预期收益，产生更多的企业进入行为，从而使行业内的企业数量增多。二是具有比较劣势的行业因贸易产生的就业损失效应；从封闭到有成本开放，降低了非出口企业的既得利润，大量比较劣势行业的企业退出市场，从而行业内的企业数量减少，形成就业损失。国内研究中，毛其淋和许家云（2016）的经验研究指出，中间品贸易自由化会促进中国的高生产率企业的就业创造，并同时提高了低生产率企业的就业破坏，增加了低生产率企业退出市场的概率。在此基础上，结合新古典劳动经济学分析框架认为，如果贸易自由化的净就业创造效应增加了技能工作岗位数量，则将增加个体进行教育投资的概率，而如果贸易自由化的净就业创造效应增加了低技能工作岗位数量，则将会提高个体放弃教育进入劳动力市场的概率。

在 Melitz（2003）企业异质性贸易理论框架下，当存在贸易成本时，随着贸易成本不断下降，贸易自由化程度逐渐深化过程中，企业通过自选择效应和资源再配置效应而提升企业生产率。在全球价值链分工概念下，将生产阶段嵌入 Melitz（2003）中的生产函数，考虑企业雇佣技能与非技能工人异质性，通过在均衡中求解临界生产率，并根据临界生产率对贸易成本和生产阶段求偏导的结果，判断生产阶段对贸易成本求偏导的符号，用以刻画企业参与全球价值链分工过程中贸易成本下降对企业生产阶段变化的影响，以及与这种变化相匹配的比较优势来源发生的变化。

第三章　贸易自由化与人力资本结构及分布：特征和事实

中国的贸易自由化进程始终伴随着改革开放，并以 2001 年正式加入 WTO 为时间线，有序兑现对 WTO 的承诺，有条不紊地下调相应产品的关税水平，有计划地对外开放更多国内市场，贸易自由化逐步深化。与此同时，中国的人力资本结构及分布在此期间也发生了较大改变。本章旨在介绍中国的贸易自由化的演变逻辑和关税的数据特征，以及在此期间的人力资本变动情形，为接下来的经验分析提供初始数据支撑。

本章的主要发现如下：中国贸易自由化进程自改革开放以来不断深化，并经历了两次大范围、大幅度的关税下调，贸易自由化在这一过程中还表现出地区差异化特征。进一步的图形分析可以看出，考虑贸易自由化的地区传导差异，地区关税不断下降的同时，个体的平均受教育年限增加，形象地证明了贸易自由化进程增加个体教育投资的影响。贸易自由化进程有效地提高了高中、大专以及本科及以上学历的劳动人口比重，初步表明进口贸易自由化会推进人力资本结构高级化进程；同时，贸易自由化还增加了城市的人力资本结构分布不平等（教育不平等）。

第一节　中国的贸易自由化进程

由于本书利用关税变化来刻画贸易自由化程度，因此本节将较为细致地介绍关税政策的演进过程，以及关税政策实施的主要经济功能。

一、关税政策的演进过程

中华人民共和国成立之后到改革开放之前，中国的关税政策以"文化大革命"为界分为两个阶段：1949—1966 年，实施高关税保护政策。1951 年，中华人民共和国成立后的第一部关税法则《中华人民共和国海关进出口税则》通过并实施，对进口货物实行两种税率：普通税率和最低税率。对与我国没有贸易互利条约或协定的国家的进口产品，按普通税纳税；对与我国有贸易互利条约或协定的国家的进口产品，实施最低关税政策。这也是中国关税史上首次采用两种税率，旨在打破帝国主义对我国的"封锁禁运"，发展和扩大中国对外贸易往来。"文化大革命"期间，受"关税无用论"思潮的影响，停止征收关税长达十几年之久。这期间，关税政策不但无法发挥对经济的宏观调节作用，其对财政收入的作用也仅流于形式。总体来说，在中华人民共和国成立到1979 年的 30 年内，我国关税政策实施的主要目标是保护国内生产，是一种内向型保护性关税制度。根据国务院关税税则委员会办公室（2011）对中国关税制度、政策演变的分析，以及中国贸易自由化的实际历程，本书将改革开放后中国的关税政策演进划分为如下四个阶段。

（一）复关大范围税率调整时期（1978—1991 年）

改革开放为国内经济重新注入了巨大活力。为适应国家经济体制改革和对外开放的需要，国家在经济、政治等各个领域开始进行体制改革，关税对经济的调节作用和组织财政收入的作用重新被提到重要的位置。1980 年，我国重新开始了海关单独计征关税，并开始酝酿改善制度的改革。1982 年通过的《中华人民共和国国民经济和社会发展第六个五年计划》指出："要适时调整关税税率，以鼓励或限制某些商品的出口和进口，做到既有利于扩大对外经济技术交流，又能保护和促进国内生产的发展。"同年，政府开始了中华人民共和国成立以来最大范围的税率调整，包括了 149 个税号的税率，占当时海关税则939 个税号的 16%。经过一系列的调整，关税政策转变为开放型保护关税，税率结构也进一步优化，并配合产业政策促进产业结构的调整。1985 年，第二部关税税则颁布，与第一部税则相比，第二部关税大幅调整进口税率，解决了税率过高和税率结构不合理问题，新税则降低了约占总税目 55% 的 1 151 个税目的税率。随着改革开放的不断深入，中国与世界经济的联系也日趋紧密，1986 年底，中国开始了接下来 15 年漫长而艰难的"复关—入世"谈判历程，关税减让成为谈判的基础和核心问题。接下来到 1992 年之前，我国多次小规模调整了关税税率，至 1992 年前，关税算术平均税率为 47.2%。[1]

（二）自主降税与"入世"谈判时期（1992—2001 年）

为了适应对外开放的政策目标，我国从 1992 年 1 月起，实施了以《商品名称及编码协调制度》为基础的进出口关税税则，由此形成了中华人民共和国成立以来的第三部海关关税税则，满足了国内经济体制改革和对外贸易发展的需要。1992 年，我国首次自主大幅度降低关税，主要针对国内不能生产供应的先进技术产品，国内需要长期进口的原材料，以及与"入世"谈判承诺有关的商品。此后又多次较大幅度地进行了自主降税，到 1999 年 1 月，我国连续进行了八次大幅度的自主降税。我国总关税水平从 1992 年底的 43.2% 降低到

---

[1] 数据来源：《中国关税——制度、政策与实践》。

2001 年初的 15.3%，总减税幅度高达 60%，为完成"入世"谈判提供了有利条件。在大幅度自主降税的同时，从 1993 年起，我国开始清理各种关税减免优惠措施，同时加强关税征管工作，逐步向简税制、宽税基、低税率、严征管的关税制度靠拢。这一时期的关税政策改革的主要目的体现在三个方面：首先是引进国外先进技术和设备，提高企业生产率和竞争力，助力我国产业结构调整；其次是促进消费，增加消费者产品种类选择，提高贸易福利，并促进我国价格体制的改革；最后是多次不同幅度和不同范围降税，逐渐满足"入世"条件，协助我国成功完成"入世"谈判。

（三）WTO 过渡期履职降税时期（2002—2016 年）

中国于 2001 年 12 月 11 日正式成为世界贸易组织成员，这是我国改革开放进程中浓墨重彩的一笔，具有重要的历史意义。同时，这一事件也预示着我国将主动迎接经济全球化挑战的重大战略举措。"入世"后的前六年时间，我国逐步履行关税减让承诺，并基本完成要求。2002 年 1 月 1 日起，大幅下调了 5 332 种商品的进口关税，关税总水平由 15.3% 降到 12%。2003 年 1 月 1 日起，我国进一步降低了进口关税，有 3 000 多个税目的税率有不同程度的降低，并根据国内产业发展需要对税目、税率结构进行了必要的调整。2004 年，我国关税总水平由 11% 降低到 10.4%。2005 年，我国进一步降低进口关税，关税总水平由 10.4% 降低至 9.9%，关税水平首次下降到 10% 以下，涉及降税的税目共 900 多个，这一年也是"入世"后履行关税减让义务、较大幅度降税的最后一年。2006 年，我国按"入世"承诺降低了 143 个税目的最惠国税率，关税总水平维持在 9.9% 的水平。2007 年至 2011 年，我国有条不紊地继续履行关税减让承诺，进一步降低鲜草莓、聚酯黄酒等产品的进口关税，总关税水平维持在 9.8%，并于 2010 年履行完毕加入世贸组织的降税承诺。2012 年至 2016 年，尽管关税税率每年都有调整，但整体幅度和范围都较之前更小，总体关税水平基本都维持在 9.8% 左右。

（四）全面开放新时期（2017 年至今）

伴随着特朗普贸易保护的贸易政策，英国脱欧等反全球化事件不断上演，中国依然坚持继续深化贸易自由化程度，将开放进行到底。2017 年上半年，中国首次降低一系列信息技术产品最惠国税率，并于 7 月 1 日起实施第二次降税。中国加入 WTO 的过渡期已经结束，这意味着中国对外开放面进一步扩大，更多行业加大了对外开放程度，这既是机遇也是挑战。此时的关税政策依然主要发挥其宏观调控作用，促进贸易增长方式转变、助力贸易结构改善，继而进行经济结构调整。

总体来看，改革开放后的关税政策改革无论是"入世"前还是"入世"后的过渡期，都主要执行了宏观经济调控、协调外贸发展和协助国内产业结构调整的功能，关税政策的财政杠杆功能有所退化。表3-1总结了中国自改革开放以来主要时期的主要关税政策变化，以反映相应时期关税政策变化的政策目的。

表3-1 改革开放以来中国关税政策调整及其主要政策目标

主要时间段	政策或政策调整的目标	关税调整的主要内容
1979—1991 年	增加中央财政收入；保护国内产业和促进国内生产	1980 年将自用进口的电视机、收录音机和电子计算机的关税税率提高到 60%、60% 和 40%；并于当年 11 月将三种产品关税税率提高到 80%。1985 年下调税率的产品主要是原材料、机械设备等，同时提高已经能满足国内需求产品的关税。1979 年至 1991 年底，制定形成 40 项关税优惠措施，涉及优惠规定 157 项，主要表现在鼓励利用外资、支持经济特区发展、促进企业技术进步等几个方面
1992—1996 年	创造"入世"条件；扩大外资规模；引进先进技术和设备；调整产业结构	1992 年下调国内不能生产供应的先进技术产品，国内需要长期进口的原材料，中美市场准入谈判中承诺不迟于 1992 年底降低税率的产品。1992—1996 年间多次自主降税，并从 1993 年起开始清理各种关税减免优惠措施。1993 年废止文件 27 份，并对 9 个减免税规定进行了调整。之后又分别在 1995 年 1 月 1 日和 1996 年 4 月 1 日开始关税优惠政策的第二次和第三次清理
1997—1999 年	创造"入世"条件；应对金融危机；进一步扩大外资规模、引进先进技术和设备；促进产业结构调整和技术进步	1998 年 1 月 1 日起，开始对国家鼓励发展的国内投资项目和外商投资项目进口设备在规定范围内免征进口关税；1999 年 8 月起，对已设立的鼓励类和限制类外商投资企业、先进技术型和产品出口型外商投资企业和外商投资设立的研究开发中心进口设备在规定的范围内免征进口关税，同时鼓励外商向中国中西部投资

续　表

主要时间段	政策或政策调整的目标	关税调整的主要内容
2000—2001 年	创造"入世"条件；提高进口商品质量；规范加工贸易管理	提高进口商品的技术指标、技术规格和增加不予免税的商品数量，缩小国内投资项目进口设备的免税范围；设立出口加工区，并对从境外进入加工区的货物制定税收优惠政策
2002—2006 年	履行关税减让承诺；调整对外贸易增长方式；优化贸易结构	2002 年经过关税下调，水产品、原油及成品油、木材、纸及其制品、化工产品、交通工具、机械产品、电子产品的降幅超过了 25%。2003 年进一步降低进口关税，有 3 000 多个税目的税率有不同程度的降低。同时进口税则新增 129 个税目。2004 年，再次对 2 400 多个税目实施了不同程度的关税下调措施，关税总水平较上一年下降 5.5%，工业品的平均税率首次降到 10% 以下，为 9.5%。2005 年经过进一步大范围将税后，农产品平均税率由 15.6% 降低到 15.3%，工业品平均税率由 9.5% 降低到 9.0%
2007 年至今	履行关税减让承诺；应对国际金融危机；资源节约和环境保护；调整贸易增长方式；优化贸易结构；调整产业结构	2007 年，我国对 300 多项商品实行进口暂定税，主要针对能源类以及原材料、零部件和关键设备等。2008 年，除继续对以上几类产品征收进口暂定税外，还对多晶硅等重要原材料和关键设备及零部件，与公共卫生相关的产品及部分家居生活用品也实行了进口暂定税

资料来源：根据国务院关税税则委员会办公室（2011）提供的资料整理。

二、关税政策实施的经济功能

关税的经济职能不是一成不变的，它随着一国社会经济条件以及外部环境的变化而变化（裴长洪，1996）。关税首先作为一种税收政策，主要是对进口商品征收财政性关税和保护性关税。通常与国内经济政策、外贸政策、产业政策、外汇政策等其他政策配合使用，以实现其对国家外交、对外贸易以及经济等战略目标。关税政策的税收属性决定了关税对财政收入的重要影响，同时关税作为一项重要的贸易政策，直接影响着我国对外贸易发展的结构和方向。当然，关税措施作为一种经济措施，对于我国宏观经济调控的规范和效果有着重要影响。

（一）关税政策的财政杠杆功能

尽管当前的关税政策早已摆脱了财政增收的约束，主要贡献其对贸易结构改善以及经济宏观调控的影响，但关税政策实施初期的很长时间内，关税因其较高的总体关税水平和贸易规模，是政府财政增收非常重要的一方面。自1980年恢复关税征收后，我国关税的财政效应得到了较好的发挥。另一方面，中央财政收入会通过公共支出再分配给各个经济部门，因此关税对国民收入分配格局也有重要影响，发挥着财政杠杆功能。例如，对奢侈品进口的征税，可以遏制不符合国内经济发展水平的"高消费"，将高收入阶层的财富在更广泛的阶层中进行重新分配。

（二）关税政策的市场调节功能

关税政策的市场调节功能最直接的表现是对贸易平衡的调节。当贸易逆差不断扩大并威胁到国内经济安全时，我国可提高关税率，缩小逆差。如果某一类商品的进口集中地快速地增长关税并对国内相关产业造成了实质性的损害和威胁，我国可以援引国际和国内的法律条款征收进口附加税，减缓该产品和产业在国际贸易中失衡的严重程度。其中，反倾销税的使用是较为常用和有效的方式之一。另一种关税的市场调节功能主要体现在调节市场供需平衡上。随着我国对外开放力度的不断加大，国民经济的总供给与总需求的变动受国际市场的影响越来越大。要实现总供给和总需求的平衡，保持国民经济稳定、持续、快速增长，就必须充分地利用关税杠杆来调节进出入关境的中间产品和最终产品的价格。

（三）关税政策的产业保护功能

关税政策非常重要的一个功能是保护国内幼稚产业的发展。幼稚产业由于处于产业发展初期，极易受到进口竞争的威胁，使产业发展受阻，甚至萎缩。[①]同时，非关税措施在国际贸易中受到严格的抑制和普遍的禁止，关税措施因此成为发展中国家为发展本国经济、改善人民生活的必要和可行的措施。同时，我国加入WTO后，正逐步放弃过去倚重的行政管理措施包括许可证和

---

①　《1994年关税与贸易总协定》第十九条对此有明确规定，如因意外情况的发生或因一缔约国承担本协定（包括关税减让在内）义务而产生的影响，使某一产品输入这一缔约国领土的数量大为增加，对这一领土内相同产品或与它直接竞争产品的国内生产者造成严重损害或产生严重威胁时，这一缔约国在防止或纠正这种损害所必须的程度和时间内，可以对上述产品全部或部分地暂停实施其所承担的义务，或者撤销或修改减让。

配额管理的使用。此时，关税在我国市场开放较集中时期保护国内幼稚产业的作用就尤为重要了。裴长洪（1996）指出，关税政策服从于产业政策，可通过优化关税结构，达到优化产业结构和保护产业的目的。

第二节　贸易自由化的测度及定量分析

一、贸易自由化指标测度

现有理论研究通常用贸易成本下降（Melitz，2003），或者市场扩大（Melitz and Ottaviano，2008）来刻画贸易自由化。而经验文献通常用关税来刻画贸易成本，反映贸易自由化水平。在利用关税构建贸易自由化指标时，我们必须正视非关税壁垒的存在。非关税壁垒实际上是一种贸易扭曲政策，其包含的种类多样化，减缓了贸易自由化的进程（Deardoff and Stern，1998）。因此，仅利用关税变化来度量贸易自由化程度可能导致自由化程度被高估。Deardoff 和 Stern（1998）首次提出了非关税壁垒的关税等价这一概念，指某一进口商面对的非关税壁垒对某种产品的价格影响，等价地用关税来表示的一种方法。尽管将非关税壁垒纳入测度贸易自由化指标有利于我们更准确地衡量一国或地区的贸易自由化程度，但我们同时还应该意识到非关税壁垒的隐蔽性导致其数据难以获得。例如，Topalova（2010）利用关税变化来衡量印度的贸易政策变化，在研究贸易自由化对印度地区贫困和不平等的影响时强调，非关税壁垒在贸易政策中非常重要。而在构建贸易自由化指标时，他发现了印度非关税壁垒数据的不可分性。Topalova 从其他发展中国家的经验分析发现，非关税壁垒的覆盖率与关税高度相关，因此认为基于关税的估计也可以反映贸易政策变化的综合影响（Goldberg and Pavcnik，2004）。本书在处理贸易自由化时也同样遇到了无法获取与本书研究时间跨度匹配的非关税壁垒数据，因此本书也借鉴 Topalova 的思想，直接利用关税变化来衡量贸易自由化程度。

与此同时，由于中国的经济发展历史和天然的地理因素，中国地区间的贸易自由化水平呈现出较大的差异性，这势必造成关税经济效应传导的异质性。因此，本书首先借鉴 Topalova（2010）的方法来构建地区关税，并以此来刻画中国的贸易自由化水平。首先，得到 WITS 数据库提供的 HS_8 位数产品层面的关税，并统一到 HS2002 版本；然后，根据 HS 与国际标准行业分类 ISIC_Rev.3 的对应表，将 HS2002 与 ISIC_Rev.3 对应；最后，再根据 GB/T 2002—ISIC（Rev3）转换表，将 HS2002 与 GB/T 2002 对应起来。[①] 这样，我们就可以计算出 4 位数以及 2 位数行业层面的平均关税。其次，参考 Topalova（2010）在构造地区关税时的基期选择方法，我们这里选择中国正式加入 WTO 的 2001 年作为基期，以行业为单位，用该行业在 2001 年的总就业人数与 2001 年该地区注册的所有工人人数的比值作为权重，该权重也反映了该地区的行业构成差异，而行业构成差异会导致地区劳动力市场对关税的外生变化形成的贸易自由化冲击，做出差异化反映。我们这里选择 2001 年作为基期的理由如下：虽然中国于 2001 年 12 月 11 日正式加入 WTO 组织，但真正较大规模的关税下调发生在 2002 年，因此我们可以将 2001 年作为政策冲击前的基期年。之后，我们可以利用行业代码将关税数据与就业数据进行合并。最后，利用权重和行业层面的关税，加总得到地区层面的关税，公式如下：

$$Tariff_{d,t} = \frac{\sum_i Worker_{d,i,2001} * Tariff_{i,t}}{TotalWorker_{d,2001}} \qquad (3\text{-}1)$$

式中：$Tariff_{d,t}$ 为地区关税；i 为行业；d 为地区；t 为时间。

由于我们使用《中国工业企业数据库》测算的地区—行业就业份额作为权重，因此该测度方法中实际上只包括了可贸易部门的就业信息[②]。

二、贸易自由化的特征性事实

（一）贸易自由化的总体变化

为了更为清晰地认识我国贸易自由化自改革开放以来的变动趋势，本书给出了关税在较长时间段里的变化情况[③]，图 3-1 简要描绘了 1992 年到 2016 年中国关税的总体变化趋势。我们分别描绘了关税在 10 分位、25 分位、50 分

① 由于 UNSD 提供的转换表都是在 HS_6 位数层面进行，我们首先将得到的关税统一计算到 HS_6 位数层面，然后再利用转换表将产品层面的关税与国家标准行业分类对应起来。

② 《中国工业企业数据库》只包括了按 GB/T 2002 标准分类的 06 至 46 共 41 个行业，而这些行业全部属于可贸易部门，因此利用行业代码将《中国工业企业数据库》与 WITS 数据库提供的关税数据进行合并后，最终只能得到可贸易部门内产品的关税，从而可能会高估任何贸易政策效应（Topalova,2005）。尽管如此，该指标仍然不失为衡量地区贸易自由化的一项好的指标（Topalova,2005）。

③ 尽管本书后面回归部分数据的时间跨度较短，该部分统计性描述所用时间跨度为 1992—2016 年，以方便读者对我国贸易自由化有一个全局了解。

位（均值）、75分位以及90分位数上的水平，不同分位数水平的关税变化都比较一致。从长期来看，自改革开放以来我国的进口平均关税总体呈现下降趋势[①]，均值水平上的关税从1992年的41.9%下降到2016年11.21%，下降幅度高达73.25%。从图3-1中我们还可以看到，关税下降幅度较大的时间段分别是1992—1997年，以及2001—2006年，2006年及以后的关税水平基本保持在一个相对稳定的低水平上，变动幅度较小。分时间段来看，1997年之前中国大幅调低关税是为"入世"谈判增加筹码，而2001—2006年间下调关税则是为了履行中国加入WTO的关税减让承诺。中国在2001年正式加入WTO，为履行"入世"承诺，从2002年起逐年调低进口关税。其中，2002年大幅度调低了5 300多种商品的进口关税，2005年降税涉及900多种商品，这也是中国"入世"后履行义务的最后一次大范围降税。这之后的几次降税涉及商品范围有限，对关税总水平的影响不大，这也是2006年以来关税变动较小的原因。

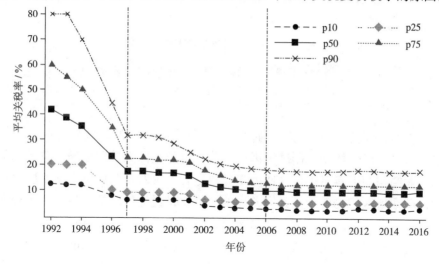

图3-1 不同分位数水平平均关税的年度趋势变化

（资料来源：根据WITS数据库提供的关税数据计算得来）

同时，图3-2给出了关税的标准差年度变化趋势。从图中可以看到关税的标准差也呈现了一个逐年下降的趋势，并在2006年之后保持一个相对稳定的水平，这再次说明关税在2006年之后保持了窄幅波动的现实。

[①] 著者根据WITS数据库提供的关税数据计算所得，由于数据年份限制，我们获得最早的关税数据是1992年。

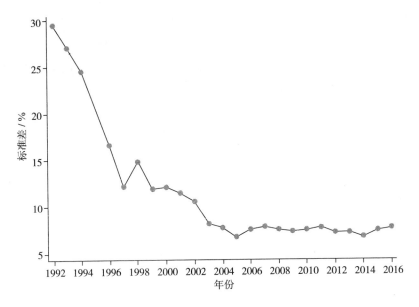

图 3-2 关税标准差的年度趋势变化

（资料来源：根据 WITS 数据库提供的关税数据计算得来）

（二）贸易自由化的地区差异

中国作为一个区域经济大国，经济发展具有典型的区域异质性。这既与历史、政治、经济体制与制度等因素有关，也与地区天然的地理位置、城市内部的产业结构等因素有关。这些因素导致尽管关税对产品而言在国家层面是相同的，但在地区间的传导却是有差异的，也就是说地区间的贸易自由化程度是不同的。因此，考虑关税的经济影响时，有必要考虑地区异质性。本书构建地区贸易自由化时，利用了城市内部产业结构差异体现城市异质性。这里我们通过表 3-2 可以窥见相关行业在 1992 年以及 2016 年的关税水平，并同时报告了关税变化率。从表 3-2 可以看出，行业关税削减幅度最大的是家具类，削减幅度达到 90% 以上；黑色金属矿采选业和燃气类行业则削减幅度较小。

表3-2　2位数行业层面的关税及关税变化

行业代码	行业名称	1992 年关税水平	2016 年关税水平	变化率
21	家具制造业	0.792	0.034	−0.957
10	非金属矿采选业	0.301	0.033	−0.890

续　表

行业代码	行业名称	1992 年关税水平	2016 年关税水平	变化率
28	化学纤维制造业	0.427	0.049	−0.885
7	石油和天然气开采业	0.120	0.015	−0.875
23	印刷业和记录媒介的复制	0.494	0.070	−0.858
17	纺织业	0.699	0.100	−0.857
18	纺织服装、鞋、帽制造业	0.903	0.160	−0.823
40	通用设备、计算机及其他电子设备制造业	0.385	0.069	−0.822
20	木材加工及木、竹、藤、棕、草制品业	0.263	0.047	−0.821
30	塑料制品业	0.444	0.080	−0.820
22	造纸及纸制品业	0.305	0.056	−0.817
42	交通运输设备制造业	0.724	0.135	−0.814
15	饮料制造业	1.021	0.203	−0.801
24	文教体育用品制造业	0.564	0.123	−0.782
6	煤炭开采和洗选业	0.186	0.041	−0.781
44	电力、热力的生产和供应业	0.115	0.028	−0.761
34	金属制品业	0.460	0.111	−0.758
27	医药制造业	0.192	0.048	−0.751
11	其他采矿业	0.200	0.050	−0.750
37	交通运输设备制造业	0.420	0.105	−0.749
41	仪器仪表及文化、办公用机械制造	0.392	0.099	−0.746
39	电器机械及器材制造业	0.510	0.131	−0.743

行业代码	行业名称	1992 年关税水平	2016 年关税水平	变化率
26	化学原料及化学制品制造业	0.282	0.074	−0.739
31	非金属矿物制造业	0.467	0.124	−0.734
35	通用设备制造业	0.285	0.077	−0.730
29	橡胶制品业	0.507	0.144	−0.717
16	烟草制造业	1.500	0.433	−0.711
14	食品制造业	0.498	0.146	−0.707
25	石油加工、炼焦及核燃料加工业	0.197	0.058	−0.706
36	专用设备制造业	0.244	0.072	−0.703
33	有色金属冶炼及压延加工业	0.155	0.047	−0.695
13	农副食品加工业	0.455	0.142	−0.687
19	皮革、毛皮、羽毛（绒）及其制品业	0.474	0.151	−0.680
9	有色金属矿采选业	0.006	0.002	−0.667
45	燃气生产和供应业	0.150	0.050	−0.667
32	黑色金属冶炼及压延加工业	0.136	0.052	−0.620
8	黑色金属矿采选业	0.000	0.000	0.000

　　下面我们来关注地区贸易自由化的变化情况。首先，通过图3-3可以看到，以关税测算的地区贸易自由化在平均意义上与总体贸易自由化（图3-1）的变化趋势一致；其次，通过产业就业加权后的地区关税要低于总体关税，这也说明地区实际的贸易自由化水平要低于名义上的贸易自由化水平。

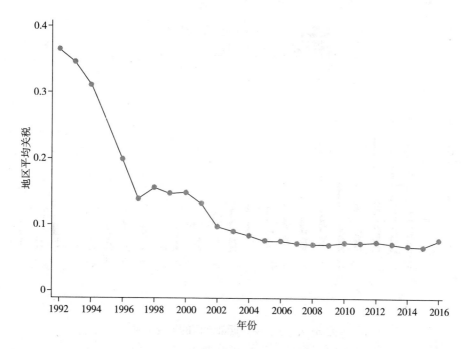

图 3-3 地区关税的年度变化趋势

（资料来源：根据《中国工业企业数据库》、WITS 数据库数据测算）

　　本书还分开比较了东、中、西部地区[①]的贸易自由化水平，由于对外开放时间差异、国家地区发展战略导向，以及本身经济发展水平参差不齐，其贸易自由化水平必然也会有所不同，如图 3-4 所示。首先，三个经济区域中，东部地区经济发展水平最高，也是最早进行贸易开放的地区，其平均关税水平最低，贸易自由化程度最高；中部地区次之；西部地区的平均关税水平远远高于东部和中部地区，贸易自由化水平最低。其次，就东、中、西部分开来看，贸易自由化水平仍是随时间逐渐加深。

---

① 东部地区包括辽宁、江苏、上海、浙江、福建、广东、山东、海南、河北、北京、天津；中部地区包括河南、湖南、湖北、安徽、江西、山西、内蒙古、黑龙江、吉林；西部地区包括陕西、宁夏、甘肃、四川、重庆、贵州、广西、云南、西藏、青海、新疆。

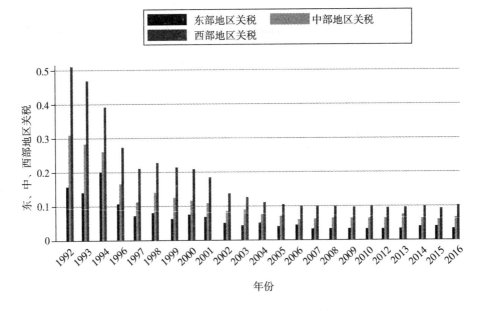

图 3-4　东、中、西部地区的关税水平

（资料来源：根据《中国工业企业数据库》、WITS 数据库数据测算①）

第三节　中国人力资本结构分布特征

一、人力资本积累与教育结构分布

　　改革开放以来，中国不仅贸易方式、贸易结构发生了巨大改变，人力资本积累与教育结构也发生了翻天覆地的变化。②首先，我国人口受教育程度有了质的飞跃。1982 年，全国 15 岁及以上人口中受过高中及以上教育的比重为10.9%；2017 年，其占比提高到 35.0%，并呈现稳步提升趋势，尤其是受过大专及以上教育的人口占比从 1982 年的不足 1% 上升至 2017 年的 15.5%，而"文

---

①　由于 WITS 数据库没有提供 1995 年的关税数据，导致图 3-4 缺少 1995 年的数据，但这并不影响东中西部地区的贸易自由化水平随时间变化的趋势。

②　人力资本积累通常包括职业培训、干中学以及学校教育三种渠道，而学校教育是最为重要的人力资本积累途径。在常见的模型构建中，也以教育程度反映人力资本积累最为常见。本书在没有特别强调时，也以受教育程度来反映个体的人力资本积累。

盲"人口的占比则由 1982 年的 34.5% 降至 2017 年的 4.9%，下降了 29.6 个百分点。此外，我国 6 岁及以上人口平均受教育年限从 1982 年的 5.2 年，提高到 2017 年的 9.3 年，增幅将近 80%；与此同时，劳动年龄人口的平均受教育年限由 1982 年刚刚超过 8 年提高到 2017 年的 10.5 年，特别是新增劳动力的受教育年限已达 13.3 年。[1] 其次，从入学率来看，我国国内教育结构发生了相应的改变。总体来看，教育结构随贸易自由化的深化而呈现改善的趋势：无论是初中、高中还是大学，入学率长期都保持了上升势头。但分开来看，初中、高中升学率呈现稳步上升，二者在 2016 年时已经非常接近；大学入学率则表现出曲线上升，在关税大幅下降的第一阶段（1997 年之前），大学入学率出现了一个上升的小高峰，随后出现短暂下降，但很快又在关税大幅下降的第二阶段（2001—2006 年）出现了先上升后下降的现象，并且这一转折点恰好出现在中国加入 WTO 后首次大规模下调关税的 2002 年。这一现实为后面的经验分析奠定了统计基础。在关税保持较低水平的第三阶段（2006 年之后），大学入学率开始平稳上升。对比图 3-1 和图 3-5 的变化规律可以发现，中国加入 WTO 后关税的迅速下降时期正好对应着大学入学率明显降低；但长期来看，大学入学率在 2007 年后又随着贸易自由化的深化过程逐步提高。结合第二章的理论模型分析，我们猜测这可能是因为产业结构调整在短期内并不能马上完成，关税政策与产业政策联动影响增加了低技能工人的需求以及低技能工人的技能溢价水平，二者都提高了劳动者进行教育投资的机会成本，鼓励个体放弃继续学习而进入劳动市场；但在长期内，关税政策与产业政策的良性互动助力产业结构升级，对技能工人的需求增加，激励了劳动者进行教育投资。我们将在后面的经验分析部分对此展开研究。

---

[1] 数据信息来源于国家统计局《统筹人口发展战略　实现人口均衡发展——改革开放 40 年经济社会发展成就系列报告之二十一》。

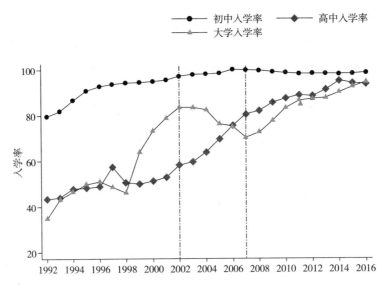

图 3-5　入学率随时间变化趋势图

注：图中数据整理自国家统计局年度数据，高中包括普通高中和技工学校。

接下来，我们以劳动人口中不同受教育程度①人口的占比作为衡量教育结构的指标，分别从平均意义、性别以及地区层面分析我国教育结构在改革开放进程中的变动。首先，图 3-6 和图 3-7 分别向我们展示了平均意义上我国劳动人口的教育结构以及这种结构的性别差异。②从图 3-6 可以发现，紧随我国贸易自由化的脚步，我国劳动人口的教育结构分布不断改善，这既表现在"文盲"人口比重大幅下降，也表现在大专及以上人口比重显著提升，体现了贸易自由化对个体教育投资的促进作用。进一步地，劳动人口中初中／高中学历的占比依然是最高的，"两头小，中间大"的劳动力受教育程度的分布状态长期存在。此外，初中学历的占比要高于高中学历，这反映出我国改革开放以来虽然贸易结构调整、产业结构升级都取得了卓越成就，但目前的就业创造依然偏向技能水平较低的劳动者。

①　这里我们将受教育程度分为"文盲"、小学、初中、高中（包括中等职业教育），大专及以上（包括高等职业教育）。

②　囿于数据获得原因，这里的数据年限为 1997—2016 年。尽管如此，该时间段依然包括了中国加入 WTO 前后的中国劳动力教育结构变化。其中，1999 年和 2000 年的数据来自《中国统计年鉴》，2001 年的数据缺失，取 2000 年和 2002 年的均值代替，其他年份的数据来自《中国劳动统计年鉴》。

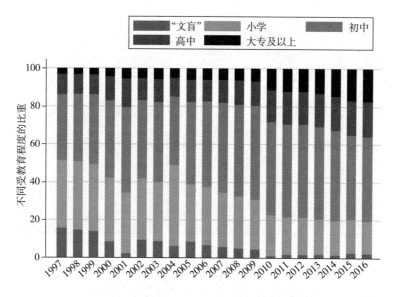

图 3-6　不同受教育程度劳动人口的比重变化

（资料来源：根据《中国统计年鉴》和《中国劳动统计年鉴》数据计算）

　　劳动人口的教育结构分布有明显的性别差异，通过图 3-7（左边图形表示女生，右边图形表示男生）可以发现，就低层次教育水平而言，女性的低教育程度人口在女性劳动人口中的占比（初中及以下学历的占比）要远远高于男性，表明劳动人口中男性的教育结构分布较女性更优，说明长期以来女性在劳动市场上被歧视的状态仍然存在。当然，这种歧视逐渐弱化，具体在随着改革开放不断推进，贸易自由化程度有序深化进程中，男性与女性之间高中学历与大专及以上学历的教育程度占比差距逐年缩小。到 2016 年，女性劳动人口中大专及以上学历的占比甚至首次超过了男性。已有研究指出，提高教育程度通过降低女性在劳动力市场中受到的歧视程度间接增加了工资，使女性的教育回报率高于男性（黄志岭、姚先国，2009），激励女性通过教育投资进一步提高自身的受教育程度。结合本书第二章的理论假说 1 和理论假说 2，我们可以这样认为，在不考虑其他影响男性和女性教育投资的因素时，贸易自由化缩小了男性与女性之间技能溢价的差别，对二者进行教育投资的性别差异影响削弱了，并且贸易自由化的就业创造效应对女性提高教育程度的影响应该高于男性，本书将在后面对此逐一进行检验。

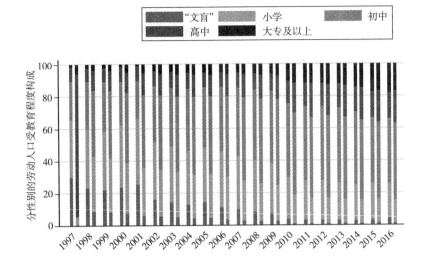

图 3-7　分性别的劳动人口受教育程度构成变化

（资料来源：根据《中国统计年鉴》和《中国劳动统计年鉴》数据计算）

　　本章第二节向我们展露贸易自由化水平在经济发展程度不同的东、中、西部地区存在鲜明差异，这推动我们进一步思考教育结构的地区差异，下面通过图 3-8 至图 3-10 对此展开初步分析。三个地区的教育结构分布与对应地区的贸易自由化程度十分契合。首先，如图 3-8 至图 3-10 所示，总体来看不论是哪一经济区域，劳动人口受教育程度结构分布中，低等受教育程度的劳动者比例逐年下降，高等受教育程度的劳动者比例则逐年上升，这反映尽管各经济区域贸易自由化程度高低不一，但在贸易自由化进程中对技能结构的需求比较接近，对低技能劳动力的绝对需求量更大，同时对技能劳动者的需求量稳步上升。

　　其次，从图 3-8 至图 3-10 还可以看出以下几点：第一，三个经济区域中西部地区劳动人口的低层次教育占比最高，中部次之，东部最低，体现在西部地区小学及以下学历的占比最高；第二，高等教育学历占比呈现出相反的趋势，东部最高，中部次之，西部最低，这种趋势也符合中等教育学历占比在三个地区的分布情形，并且三个地区的高中学历占比差距呈现收敛趋势；第三，伴随着贸易自由化不断深化，东部地区劳动人口大专及以上学历占比的增长最多，从 1997 年的 6.39% 增加到 2016 年的 27.62%，增长了 21.23%，而西部地区劳动人口大专及以上学历占比的增长最快，从 1997 年的 2.88% 增加到 2016 年的 16.75%，增长了 13.87%，平均增速高达 4.81%。这反映了贸易自由化经济传导的地区异质性，经济开放以及产业结构转型同时提高了地区经济发展对技能水平的相对需求，但因为东部地区开放最早，产业结构更优，经济发展对技能需求也最大，西部地区虽然经济发展水平相对东、中部更低，但国家西部大开发等扶持产业政策支持了西部地区的技能升级，提高了地区发展对技能的相对需求。根据本书第二章的理论分析，这势必会提高技能工人的相对工资，形成技能溢价，对个体教育投资有正向影响。

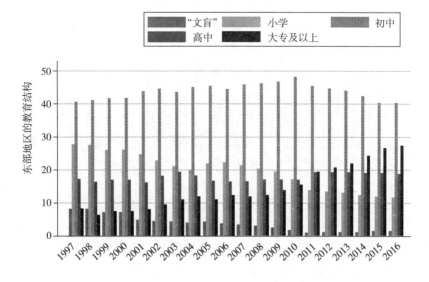

图 3-8 东部地区劳动人口受教育结构分布

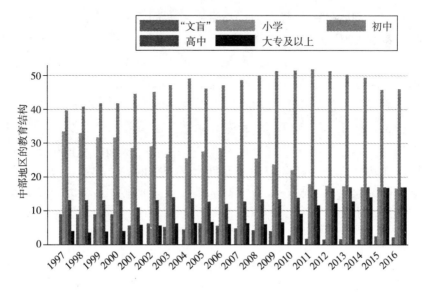

图 3-9 中部地区劳动人口受教育结构分布

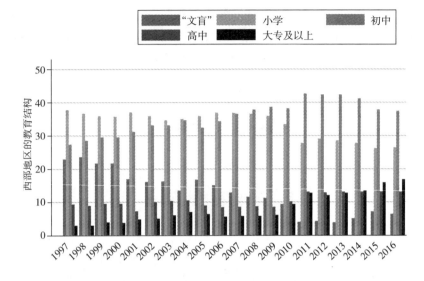

图3-10　西部地区劳动人口受教育结构分布

（资料来源：根据《中国统计年鉴》和《中国劳动统计年鉴》数据计算）

二、地区人力资本结构分布

陈钊等（2004）指出，中国省级之间教育发展水平不平衡，尽管高等教育人口比重呈现收敛的趋势，但仍然存在较大的绝对差距。更深层次的贸易自由化将加剧地区间受教育水平差异（Li，2018）。由于地区间教育质量差异较大，直接用受教育程度来比较地区间的人力资本不平等（分布结构）是不合理的。当前学者较为普遍地使用教育基尼系数（Castelló and Doménech，2002）、教育方差（Park，2006）、教育标准差（Birdsall and Londono，1997；Lopez et al.，1998）、教育变异系数（Lopez et al.，1998）等对人力资本结构进行测度。其中，标准差以平均受教育年限的绝对值衡量个体的教育分布，无法体现教育随区域经济发展水平变化的趋势波动，是一种衡量教育不平等的绝对指标。教育基尼系数的构建思想来源于收入基尼系数的核心思想，以劳动力的分布为基础，强调个体劳动力的受教育程度，衡量教育的相对分布。

我们将在这一部分计算教育的基尼系数，反映中国贸易自由化期间地区间的教育不平等，加深我们对中国贸易自由化对国内个体教育投资决策的影响以及对人力资本结构分布（教育不平等）问题的认识。需要指出的是，这里测算城市层面的教育基尼系数的数据来自 CHIPs 数据库。[①]

根据第二章测算教育基尼系数的公式，以及本书对个体受教育程度的划分，这里对教育不平等系数公式展开进一步分解得到：

$$教育基尼系数=\frac{1}{h}\{p_2|y_2-y_1|p_1+[p_3|y_3-y_2|p_2+p_3|y_3-y_1|p_1]+...+[p_6|y_6-y_5|p_5+...+p_6|y_6-y_1|p_1]\}$$

（3-2）

根据上述公式计算得到城市的教育基尼系数，可以反映城市人力资本结构分布概况。图 3-11 和图 3-12 给出了东、中、西部三个经济地区的教育基尼系数在样本期间的变动趋势。如图 3-11 所示，东部地区的教育基尼系数在三个地区是最低的，说明东部地区的教育发展相对其他两个地区更公平，这与陈钊（2004）的结论也比较吻合，即地理位置优越、区域经济成熟度高的地区拥有更为公平、合理的教育分布。与此同时，三个地区的教育基尼系数都呈现出一种梯度上升的趋势，这表明尽管贸易自由化不断深化，总体经济得到较大发展，但并不意味着教育不公平会改善，这可能与贸易自由化进程中个体差异化教育投资决策有关，并最终拉大了个体间的教育差距，扩大了教育不平等现象。此外，我们还能发现，关税大幅下调的 2002 年至 2006 年期间，东、中部地区的教育基尼系数有所下降，表示这期间的教育不平等现象有所缓解。图 3-12 则反映了教育基尼系数的变动幅度，总体而言，2007 年之前的教育基尼系数的波动幅度要低于 2007 年之后。

---

① 这里的数据选取没有像上文一样，而是选用了与后文经验分析一致的 CHIPs 数据库。这样选择的原因在于，本书计算教育不平等系数是城市层面，而现有各统计年鉴数据库并没有计算教育基尼系数所需的全部城市层面数据。

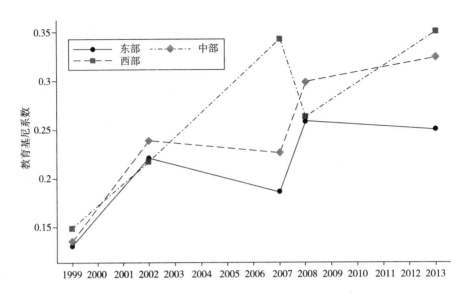

图 3-11　东、中、西部教育基尼系数

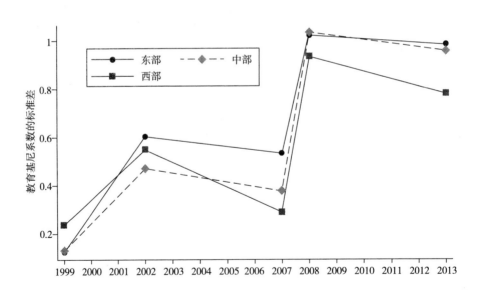

图 3-12　东、中、西部教育基尼系数的标准差

（资料来源：根据 CHIPs 数据库计算得到）

　　尽管东部地区教育基尼系数的平均值在三个地区是最低的（图 3-11），但城市间的教育基尼系数绝对差异（以教育基尼系数最大城市与最小城市的差来

衡量）却是很大的（表3-3），这一方面反映出贸易自由化进程最快的东部地区的平均教育不平等程度最低，也就是平均意义上教育结构最合理；另一方面说明东部地区城市间的受教育程度差别相对较大。

表3-3　各地区内城市的教育基尼系数差异

年　份	地　区	最大值	最小值	绝对差异
1999 年	东部	0.140	0.123	0.017
	中部	0.136	0.120	0.016
	西部	0.151	0.146	0.005
2002 年	东部	0.748	0.004	0.744
	中部	0.958	0.024	0.934
	西部	0.541	0.018	0.523
2007 年	东部	0.398	0.049	0.349
	中部	0.574	0.084	0.49
	西部	0.422	0.055	0.367
2008 年	东部	0.735	0.005	0.73
	中部	0.581	0.022	0.559
	西部	0.477	0.028	0.449
2013 年	东部	0.967	0.005	0.962
	中部	0.887	0.023	0.864
	西部	0.664	0.036	0.628

注：根据 CHIPs 数据库计算得到。

第四节　贸易自由化与人力资本投资及结构分布：图形分析

本节的描述性统计图形数据与后文的经验分析数据一致，可帮助我们从图形这一直观的角度初步认识贸易自由化与教育投资决策、人力资本结构之间的关系，为后面的计量分析打下基础。

一、贸易自由化对人力资本投资的影响

本书第二章的理论部分证明贸易自由化通过提高技能溢价的渠道，降低个体劳动者进行教育投资的能力阈值，提高个体进行教育投资的预期报酬，而鼓励个人选择学校教育。同时，贸易自由化的就业效应对个体的教育投资有相互抑制的效应。一方面，如果贸易自由化的净就业效应是创造出高技能工作岗位，就会鼓励个体继续留在学校提高自身的技能水平以满足未来岗位的需求；另一方面，如果贸易自由化的净就业效应体现在低技能岗位创造上，就会增加个体选择继续教育的机会成本，从而鼓励他们辍学，尽早进入劳动市场获得工资收入。我们会在后文经验分析部分解析贸易自由化对个体教育投资的渠道，但这一部分我们将只会初步观察贸易自由化与教育投资的关系。

图 3-13 向我们展示了地区贸易自由化和个体受教育年限之间的趋势。从图中可以看到，当地区关税水平较高时（地区贸易自由化程度较小），个体劳动者的平均受教育年限较低；当地区关税水平较低时（地区贸易自由化程度较深），个体劳动者的平均受教育年限较高。地区关税（地区贸易自由化）与个体劳动者的受教育年限在平均意义上表现出一种负相关关系，即地区关税越低，地区贸易自由化程度越高，个体劳动者的受教育年限越高。根据本书第二章的理论分析，这可能是因为随着贸易自由化进程不断深化，技术密集型企业出口并扩大规模，而低技术密集型企业面临愈演愈烈的进口竞争，要么退出市场，要么缩小规模。而根据本书建模假设，企业竞争力伴随着对技能工人的更高需求，因此企业结构变化和企业规模变化最终提高了市场对技能工人的总需求，提高了技能溢价水平。而根据教育投资函数可知，技能溢价上升会提高个体对教育投资的预期报酬，并降低个体进行教育投资的能力门槛值，从而提高个体劳动者进行教育投资的可能性。

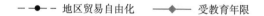

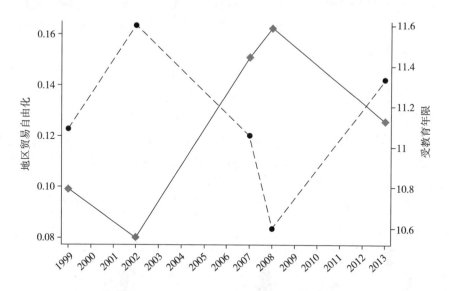

图 3-13　贸易自由化对个体受教育年限的影响

（资料来源：根据 CHIPs 数据库和 WITS 关税数据库计算得到）

此外，第二章的理论假说 2 指出，贸易自由化通过就业效应影响个体教育投资取决于净就业创造是否增加了技能工人工作岗位，只有净就业效应增加了技能工作岗位，才能提高个体劳动者对投资教育的预期报酬，鼓励个体增加学校教育。根据图 3-13 反映的地区贸易自由化与个体劳动者的受教育年限的关系可以初步判断，地区贸易自由化的净就业效应更可能增加了技能工作岗位需求，并最终激励个体劳动者进行教育投资。关于贸易自由化影响个体教育投资的渠道，我们将在第四章利用中介效应模型逐一检验。

二、贸易自由化对人力资本结构及其分布的影响

人力资本是比教育更为宽泛的概念，但鉴于教育是影响人力资本最重要的因素，文献通常用教育作为人力资本的度量指标（陈钊等，2004）。本书也采用这一做法，将学校教育投资的概念等同人力资本投资。本书用不同受教育程度总人数占劳动人口数量的比重来反映人力资本结构（教育结构），并选择教育基尼系数表征人力资本结构分布。刘智勇等（2018）以初级人力资本向高级人力资本演进体现人力资本结构高级化，考察了人力资本高级化如何促进经济增长。这里我们将借鉴人力资本高级化的概念，以不同学历人口占城市总劳动

人口的比重差异来初步刻画人力资本高级化。图 3-14 向我们初步描绘了贸易自由化与人力资本结构（教育结构）的关系。从图中可以非常清晰地发现，尽管地区关税与初中学历劳动人口比重的关系不是十分明朗，但地区关税与初中以下学历劳动人口有明显的正相关关系，即地区关税越低，贸易自由化程度越高，城市初中以下学历人口占城市总劳动人口的比重越低，初步表明贸易自由化进程降了低学历劳动人口比重。继续观察地区关税（贸易自由化）与高中及以上学历劳动人口比重的关系发现，地区关税与高中及以上学历劳动人口占比呈现明显的负相关关系，表明地区关税越低，贸易自由化程度越高，城市中高中及以上学历劳动人口占城市总劳动人口的比重越高。也就是说，贸易自由化提高了城市中、高等教育劳动人口比重。

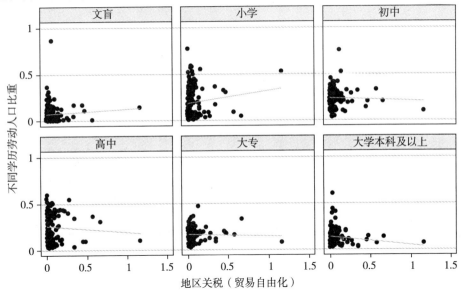

图 3-14　不同学历劳动人口比重与地区关税的关系

（资料来源：根据 WITS 数据库、CHIPs 数据库和中国工业企业数据库计算得到）

综合而言，图 3-14 初步反映了贸易自由化实现了人力资本结构（教育结构）从初级向中、高级的跃迁，助力人力资本结构高级化的实现，为实现外贸增长内生动能转换提供人才支持，成为比较优势新来源。当然，我们必须指出，教育结构高级化也可能是由改革开放政策下整体国民经济发展而推动的，为了更为准确地识别贸易自由化对人力资本结构（教育结构）的影响，我们将在本书的第五章采用双重差分计量方法进行分析。

进一步地，我们现在描绘出贸易自由化与城市人力资本结构分布的关系。教育基尼系数越小，说明人力资本结构分布越平等；反之则不平等。图 3-15 给出了贸易自由化与人力资本结构分布的关系图。

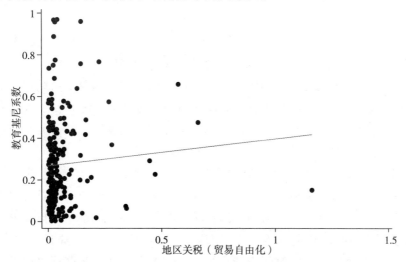

图 3-15　贸易自由化与教育基尼系数的关系

（资料来源：根据 WITS 数据库、CHIPs 数据库、中国工业企业数据库计算得到）

由图 3-15 可以看到，地区关税与教育基尼系数（人力资本结构分布）之间表现出强烈正相关的关系。地区关税越高，贸易自由化程度越低，城市教育基尼系数越大，即城市的人力资本结构分布越不平等。也就是说，贸易自由化进程会促进城市人力资本结构分布向更平等的方向发展，促进经济发展（Véronique，2015）。同时，有研究指出，人力资本结构分布不平等与人均收入之间呈显著负相关（Thomas et al.，2000；Castello，2002），结合本书的分析，贸易自由化进程会在一定程度上降低人力资本结构分布不平等，从而提高人均收入水平。另外，Thomas 等（2000）的研究指出，教育基尼系数与人均受教育年限之间存在明显的负相关性。根据贸易自由化与人力资本结构分布（教育基尼系数）的负相关关系可以判断，贸易自由化降低了人力资本结构分布的不平等性，提高了个体的人均受教育年限。这一结论正好呼应了本节对贸易自由化与个体教育投资之间的研究。

本章小结

本章以中国进口关税政策变动的视角回顾了中国自改革开放以来的贸易自由化进程，并在此基础上提炼了关税政策实施的主要经济职能，关税政策会与国内产业政策协调使用，用以实现国内产业结构调整以及贸易结构升级，是政府协调宏观经济运行的得力杠杆，承担着贸易改革时期的常备工具、贸易摩擦时期的润滑剂、引领资源优化配置以实现经济结构合理化的营养剂作用，并最终形成对我国贸易比较优势构建的积极作用。

同时，利用数理统计图表观察我国 1992 年至 2016 年名义上的贸易自由化程度，以及以地区关税衡量的实际贸易自由化进程，发现中国贸易自由化进程在稳健深化，这既是中国参与全球分工的必然结果，也是中国自复关谈判以来至正式成为 WTO 成员逐步实践"入世"承诺的结果。与此同时，有数据显示我国个体教育投资在随时间不断增加。使用本书的样本数据观察后发现，二者呈现反方向变化，也就是说地区关税越高，贸易自由化程度越低，越有利于个体的教育投资。

进一步地，我们在这一章初步探讨了贸易自由化与地区人力资本结构之间的关系。最早进行对外开放的东部地区的教育基尼系数最小，教育不平等程度最低，或者说人力资本结构分布差异性较低，大量研究（Birdsall and Londono，1997；Castelló and Doménech，2002；Véronique Gille，2015）表明，人力资本不平等不利于经济增长。因此，这也从侧面解释了贸易发展带动整体经济发展的重要含义。当然，我们还应该注意到，尽管东部地区的教育基尼系数在东、中、西部三个经济区域是最低的，但地区内部的城市间的教育结构分布差异依然很大，并且教育基尼系数还随着贸易自由化深化而呈现出梯度增长的态势。

最后，本章还从图形走势的角度，绘制出贸易自由化与个体教育投资，以及贸易自由化与人力资本结构之间相关关系的形象图形，初步发现贸易自由化能够推动初级人力资本向中、高级人力资本的跃迁。通过 CHIPs 数据库的微观个体调查数据和 WITS 数据库提供的产品关税数据，可以清晰、直观地验证本书第二章的理论结论，即贸易自由化进程促进了个体教育投资。而具体的影响渠道，我们将会在下一章进行验证。

第四章　贸易自由化对人力资本投资的影响

2017年10月，党的十九大报告确立了在新一轮反全球化浪潮中中国对外开放的坚定立场。当下，中国加入WTO的15年过渡期已经结束，外贸发展动能转换加快，寻求比较优势新来源，以维持贸易的持续增长需求也十分迫切，而教育对构建比较优势新来源无疑十分重要。学校教育是人力资本积累的主要方式，也是一国比较优势的重要来源（黄玖立等，2014）。与此同时，中国个体的受教育程度在此期间不断提高。个体受教育程度提高和贸易自由化进程同时发生促使我们思考二者之间的内在联系。首先，以关税衡量的贸易自由化对个体教育投资产生了怎样的影响？其次，这一影响是否通过技能溢价发挥作用？

一直以来，研究贸易自由化与教育或者人力资本投资的大量文献都更关注出口，发现出口扩张对发展中国家以及发达国家个体受教育决策的影响是不同的，出口的技能组成可以对此进行解释（Blanchard and Olney，2017），少量从进口贸易自由化角度的研究（Edmonds et al.，2009；2010）只是针对青少年人群，考察关税改革对童工以及这一年龄段儿童接受教育的影响。目前，国内关于贸易自由化与人力资本投资的研究也主要从出口的视角通过就业效应（张川川，2015）、收入相应（李坤望等，2014）进行解释。这些研究表明，中国进口已经从为出口而进口的地位上升至调节国内产业结构的位置，其重要性不言而喻。因此，从进口的角度考察贸易自由化对教育或人力资本投资的影响显得尤为重要。

本章从贸易自由化进程与个体教育投资的事实出发，首先解析贸易自由化影响个体教育投资的机制，利用CHIPs微观调查数据和WITS数据库提供的关税数据，实证分析贸易自由化对异质性个体教育投资的影响，并对不同样本进行分析，观察计量结构是否具有差异性。其次，利用双重差分方法，将2002年中国加入WTO后关税的迅速下调作为一次自然实验，考察贸易自由化对个体教育投资的影响，并从经验分析上验证第二章的理论假说。

第一节 计量模型、变量与数据

一、计量模型的设定

本书第二章的公式（式（2-7）、公式（2-40），公式（2-41））一起直观给出了贸易自由化程度深化会通过提高技能工人的相对工资，来降低个人进行教育投资的门槛，进而鼓励个体进行更高层次的教育投资的结论。接下来，本节将利用计量模型和中国的微观调查数据来检验理论假说 1。本节的计量模型设定如下：

$$Education_{ict} = \beta_0 + \beta_1 tariff_{ct} + \beta_2 X_{ct} + \beta_3 I_{ict} + \varepsilon_{ict} \tag{4-1}$$

式中：下标 i 为劳动者个体，c 为城市，t 为时间；$Education_{ict}$ 为劳动者教育投资变量；$tariff_{ct}$ 为代表城市 c 在 t 时期的贸易自由化水平；β_1 为城市贸易自由化对个体教育投资的影响；X_{ct} 为城市 c 的其他控制变量；I_{ict} 为城市 c 中的个体控制变量；ε_{ict} 为随机误差项。

根据第二章的理论假说 1 可以预测，待估参数 β_1 的符号为负。另外，我们在第二章的理论部分假定个体的能力是事前有差异的，并从理论上证明了能力越强的个体越可能进行教育投资。已有文献多次从经验层面表明个体教育投资受经济影响的异质性（张川川，2015；李坤望，2014），这里我们借鉴李坤望（2014）的模型设计，以技能差异反映个体能力异质性，以考察贸易自由化对劳动者教育投资的差异化影响。计量模型如下：

$$Education_{ict} = \beta_0 + \beta_1 tariff_{ct} + \beta_2 tariff_{ct} \times skill_{ict} + \beta_3 skill_{ict} + \beta_4 X_{ct} + \beta_5 I_{ict} + \varepsilon_{ic} \tag{4-2}$$

式中：$skill_{ict}$ 为城市 c 中劳动者 i 的职业技能虚拟变量，取值 1 代表从事高技能职业的劳动者，取值 0 代表从事低技能职业的劳动者，其他变量及角标的含义与计量式（4-1）保持一致。

二、变量选取及测度

（1）劳动者教育投资变量（$Education_{ict}$）。在我们用到的 CHIPs 微观调查数据样本中，采用劳动者的受教育年限以及受教育程度进行测度，即以学校教育来衡量个体的教育水平。事实上，学校教育也被认为是个体人力资本积累最主要的途径（Lucas，1988）。

（2）贸易自由化程度（$tariff_{ct}$）。我们利用 WITS 数据库中的关税数据以及《中国工业企业数据库》中的产业就业结构计算得到了地区关税来度量，具体测度方法已经在本书的第三章进行了详细介绍。

（3）避免遗漏重要解释变量造成计量结果有偏，我们加入了城市层面的控制变量 X_c 和个体层面控制变量 I_{ict}。其中，城市层面的控制变量 X_{ct} 包括以下几个变量：①体现城市发展水平的人均 GDP（万元）的对数（$\ln perdgp$）。人均 GDP 是城市经济发展水平最直接的反映，会通过收入效应影响个体的教育投资。②城市 c 当年吸收的外资总额（亿美元）的对数（$\ln fdi$），其会通过技术溢出效应提高技能劳动者的技能溢价，增加个体继续留在学校学习的预期报酬，促进个体的教育投资，是影响人力资本投资的重要因素（Feenstra and Hanson，1995）。③反映地区规模的地区总人口数量的对数（$\ln pop$），人口规模一定程度上决定了劳动供给，尤其是低技能劳动者数量，影响个体人力资本投资收益（陈维涛等，2014）。④地区教育支出（亿元）的对数（$\ln expenditure$），城市的财政教育支出水平代表该地区对本地教育发展的支撑力度，一定程度上会影响个体的教育投资。个体层面的控制变量包括以下几个变量：①年龄（age），由第二章相关公式可知，年龄越大的劳动者，进行教育投资获得净利润的能力门槛值越高，越不利于教育投资行为。考虑到我国劳动力就业的相关规定（如最低工作年龄要求和退休年龄要求），以及我国学校教育的学制安排（6周岁为基础学龄），15岁时将面临是否进入高中阶段继续学习的抉择（6岁开始学习，完成9年义务教育），而这将直接影响就业中的教育结构，因此本书的样本年龄被限定在15～59岁。②户口（$hukou$），现有户籍政策导致城市人口比农村人口、本地户口比外来户口劳动报酬相对较高，更容易得到良好的正式教育、职业培训等机会（姚先国、赖普清，2004；陈斌开等，2010）。③性别（$gender$），大量研究证实了教育回报的性别差异（黄志岭、姚先国，2009；王美艳，2005），以及出口扩张对个体教育或人力资本投资的性别差异（Atkin，2016；张川川，2015）。各主要变量的指标含义及测度如表4-1所示。

表4-1　各个主要变量的指标含义及测度

变　量	指标含义及测度
$tariff_{ct}$（贸易自由化程度）	城市层面的贸易自由化程度；测算公式为： $$Tariff_{d,t} = \frac{\sum_i Worker_{d,i,2001} * Tariff_{i,t}}{TotalWorker_{d,2001}}$$
$Education_{ict}$（教育投资）	受教育年限 / 受教育程度
$\ln perdgp$（人均 GDP）	城市的人均 GDP 水平
$\ln pop$（劳动人口）	城市的人口总量
$\ln expenditure$（教育支出）	城市的财政教育支出水平，利用对数进行衡量

变　量	指标含义及测度
$skill_{ict}$（技能水平）	1 代表高技能，指专业性较强和管理型职业；0 代表中低技能，指一般性职业
$hukou$（户口）	1 代表本市（县）非农业户口 / 本市（县）居民户口；2 代表本市（县）农业户口；3 代表外地非农业户口 / 外地居民户口；4 代表外地农业户口
$gender$（性别）	1 为男性；0 为女性

三、数据说明

本书的经验分析用到了以下几套数据：第一套数据是中国社会科学院经济研究所收入分配课题组提供的中国居民家庭收入调查（CHIPs 数据库）数据，该调查提供了 7 个统计年份（1988 年、1995 年、1999 年、2002 年、2007 年、2008 年以及 2013 年）的农村和城镇个体以及家户层面的调查数据，其中 2007 年及之后年份的调查还包括了流动人口的相关信息。根据本书的研究需要，我们选取的是 CHIPs 数据库提供的城镇样本子数据库，时间跨度为1999—2013 年，主要选用其中的个体特征变量和就业等变量。第二套数据是WITS 数据库提供的产品层面的关税数据，时间跨度从 1992—2016 年，我们选取了与 CHIPs 数据库对接的 5 个年份。第三套数据是国家统计局提供的全部国有和"规模以上"（主营业务收入在 500 万元及以上）非国有工业企业数据中国工业企业数据库，使用其中 2001 年的数据用于构建地区贸易自由化指标。第四套数据是对应年份的《中国城市统计年鉴》和相关省市相应年份的统计年鉴和统计公报，这些数据库为我们提供了所需的城市层面变量。

其中，CHIPs 数据库提供了较长时间段内详细的个人层面信息，包括人口信息，如性别、年龄和教育水平；就业信息，如工作状态、职业、行业和工资。这些信息为我们后文测算教育结构以及相应的计量估计提供了可能。对于不同的调查年份，CHIPs 调查数据涵盖的省份城市有所差异[①]，只能形成一

[①]　1999 年数据包括 6 个省市，13 个县级市，合并到地级市层面就是 5 个地级市以及北京市；2002 年数据包括 12 个省市，21 个地级市，以及北京市、重庆市和上海市；2007 年数据包括9 个省市，16 个地级市，以及北京市、上海市和重庆市；2008 年数据涵盖的省市与 2007 年保持一致；2013 年数据包括 14 个省市，118 个地级市，以及北京市、上海市和重庆市。

个混合截面数据使用，由于本书研究针对的是劳动人口，因此仅保留了年龄在16～65岁段的人口样本。数据处理过程中，还需要对以下几个问题的处理过程进行说明：

首先是CHIPs数据库中地区行政区划代码变更以及地区行政区划变化的处理。本书为方便将不同年份的城市统一起来，都以2013年的《中国地区行政区划代码》为准，将中间有变化的城市代码以及地区行政地位变动与2013年的《中国地区行政区划代码》对应。例如，1999年CHIPs数据库记录的四川省"万县地区"在1997年就已经规划重庆管辖，代码变更为500229，属于重庆市城口县。本书在处理时将"万县地区"划分为重庆市部分。最终，本书将城市信息归并到地级市层面。

其次是关于教育和户口分类的处理。调查数据中，2002—2008年对教育程度的分类将1999年的"小学以下"分解为"未上过学"以及"扫盲班"，而2013年的调查数据则再次将二者合并为"未上过学"。此外，2002—2013年的数据对1999年的"大学或大学以上"的教育程度细分为"大学"和"研究生"，2013年把前几年等同高中教育程度的"职高/技校"进行了单独划分。各年对教育程度赋值也略有不同，对此，为适应本书研究，我们最终将个体受教育程度划分为以下几类：未上过学（"文盲"）、小学、初中、高中（中专/职高/技校）、大专、大学本科及以上。对应的受教育年限分别是0年、6年、9年、12年、15年和16年。值得说明的是，调查数据中，受教育年限的记录存在一些明显的错误，如受教育程度是"大专"，但受教育年限却是2年，或者受教育程度和受教育年限为负值。按照中国的学制设计，从小学学历到博士学历一共需要23到26年，这其中的差别在于各个地区学校对获得博士学位的学制有所不同，但一般不会超过30年，但数据记录存在受教育年限大于30年的观测值。本书在数据处理时剔除了这类异常值。

对于户口问题，尽管不同年份的调查数据记录规则略有不同，但分类除2013年多了"居民户口"外，其他年份分类都是一样的。[①]因此，本书按照户口分类，重新给不同户口类型赋值。总结来说，本书将户口性质分为4类，赋值从1到4。其中，1代表本市（县）非农业户口/本市（县）居民户口，2代表本市（县）农业户口，3代表外地非农业户口/外地居民户口，4代表外地农业户口。

---

① 2013年的户口分类是根据户口登记地和户口性质共同判断城市个体的户口是否属于本地，然后再与其他年份对应。

　　本书使用中国工业企业数据库提供的城市—行业层面的就业信息。具体而言，我们首先将企业层面的就业信息合并到 4 位数以及 2 位数行业层面，并根据企业所在城市，测算出城市内部不同行业就业占该城市总就业的比重，为本书构建地区贸易自由化指标做准备。这里我们选择的数据年份是 2001 年，原因在于地区的行业就业份额可能在中国加入 WTO 之后发生重要改变。最后，我们将处理后的 CHIPs 数据库与根据 WITS 数据库以及工业企业数据库测度的地区贸易自由化指标，根据城市代码进行合并，得到最终计量模型需要的合并数据库。最终数据库的基本概况以及主要变量的描述性统计如表 4-2 所示。

表4-2　主要变量的描述性统计特征

变　　量	观测值	均　　值	最大值	最小值	标准差
受教育年限（edu_y）	53 543	11.334	30	0	3.205
受教育程度（edu）	53 543	3.946	6	1	1.210
地区贸易自由化（$Tariff\_dt$）	53 543	0.009	0.778	0	0.053
年龄（age）	53 543	39.261	59	15	11.826
性别（$gender$）	53 543	1.507	2	1	0.499
技能水平（$skill$）	37 675	0.372	1	0	0.491
户口（$hukou$）	53 341	1.102	4	1	0.418
人均GDP	50 457	10.256	13.055	8.032	1.022
城市总人口（$lnpop$）	50 457	6.464	8.119	4.698	0.729
教育支出（$lnexpen\_edu$）	45 942	12.351	15.891	8.469	1.958
实际吸引外资总额（$lnfdi$）	49 436	10.882	14.123	5.468	1.929

　　注：通过 CHIPs 数据库、WITS 数据库、中国工业企业数据库和中国城市统计年鉴整理计算得到。

第二节　估计结果及分析

一、地区贸易自由化对人力资本投资的影响：基准回归

本书第三章的基础性图形分析向我们展示了地区关税与教育投资的负相关关系，即贸易自由化进程在平均意义上鼓励个体选择学校教育。现在我们可以通过地区关税与受教育年限以及受教育程度的散点图，初步认识地区贸易自由化与教育投资的因果关系，如图4-1和图4-2所示。由图4-1可知，地区贸易自由化与个体的受教育年限之间呈现负相关关系，这意味着个体的受教育年限随着贸易自由化不断深化而提高。图4-2从受教育程度的角度，再次肯定了贸易自由化进程对教育投资的积极作用。

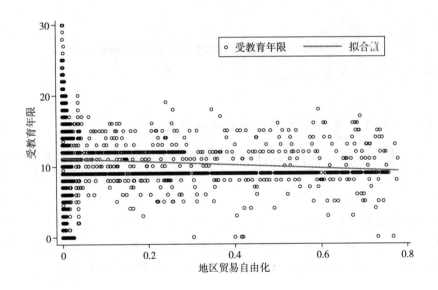

图4-1　地区贸易自由化与受教育年限的关系

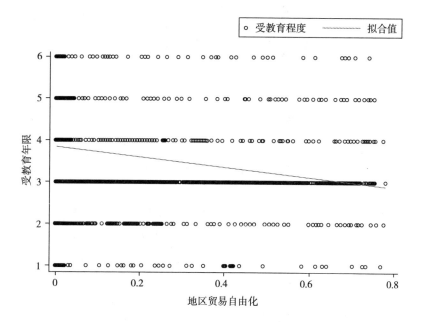

图 4-2　地区贸易自由化与受教育程度的关系

（资料来源：通过 CHIPs 数据库、WITS 数据库、中国工业企业数据库和中国城市统计年鉴整理计算得到）

（一）地区贸易自由化对个体教育投资的影响

接下来，我们从经验分析的角度来分析贸易自由化与个体教育投资之间的关系。表 4-3 以不同组合的方式报告了计量模型（4-1）的估计结果。在估计方法上，首先采用最简单的 OLS 回归，初步考察贸易自由化对个体劳动者的教育投资影响，然后逐渐加入重要反映个体特征的控制变量以及反映城市特征的控制变量。最后在简单 OLS 回归基础上增加年份固定效应，以控制年度差异，为克服回归中的异方差影响，本书所有回归都使用了稳健标准误。

表4-3　基准回归一

受教育年限

变　量	(1)	(2)	(3)	(4)	(5)	(6)	(7)	(8)
$tariff_{ct}$	-3.378***	-2.628***	-4.008***	-3.262***	-2.838***	-2.005***	-3.513***	-3.032***
	(0.218)	(0.199)	(0.193)	(0.205)	(0.217)	(0.198)	(0.188)	(0.213)
lnage	—	-2.646***	-4.128***	-4.246***	—	-2.716***	-3.930***	-4.192***
	—	(0.039)	(0.056)	(0.058)	—	(0.038)	(0.054)	(0.0583)
$skill_{ict}$	—	—	1.986***	2.157***	—	—	2.256***	2.205***
	—	—	(0.029)	(0.030)	—	—	(0.029)	(0.0309)
gender	—	—	—	0.241***	—	—	—	0.228***
	—	—	—	(0.030)	—	—	—	(0.0302)
hukou	—	—	—	-0.607***	—	—	—	-0.606***
	—	—	—	(0.035)	—	—	—	(0.0352)
lnpergdp	—	—	—	0.455***	—	—	—	0.357***
	—	—	—	(0.045)	—	—	—	(0.0482)
lnexpenditure	—	—	—	0.080***	—	—	—	0.031 8
	—	—	—	(0.030)	—	—	—	(0.0340)

续表

受教育年限

变　量	（1）	（2）	（3）	（4）	（5）	（6）	（7）	（8）
lnpop	—	—	—	0.181***	—	—	—	0.194***
	—	—	—	（0.040）	—	—	—	（0.0444）
lnfdi	—	—	—	0.025	—	—	—	0.034 2*
	—	—	—	（0.016）	—	—	—	（0.018 2）
常数项	11.14***	20.81***	25.57***	19.49***	10.76***	20.59***	23.81***	20.49***
	（0.013 9）	（0.143）	（0.207）	（0.382）	（0.032 3）	（0.142）	（0.206）	（0.420）
年份固定效应	否	否	否	否	是	是	是	是
观测值	58 414	58 414	38 939	34 626	58 414	58 414	38 939	34 626
R^2	0.003	0.085	0.204	0.260	0.013	0.099	0.238	0.265

注：（1）至（4）列是简单 OLS 回归结果，第（5）至（8）列是列控制年份固定效应后的回归结果，所有回归采用稳健性标准误以克服异方差影响。此外，回归中变量年龄取其对数值。括号内为稳健标准差，*、**、*** 分列表示在 10%、5%、1% 上显著。

我们首先关心的是地区关税对个体受教育年限的影响，这反映了个体劳动对贸易自由化进程做出的回应。从表4-3的列（1）可以简单发现，地区关税与个体劳动者受教育程度之间具有显著的负相关关系。也就是说，地区关税越高，越不利于个体增加学校教育，也越不利于个体提高自身的受教育程度。由于地区关税衡量的是地区贸易自由化水平，关税越大意味着贸易自由化程度越低，所以表4-3中列（1）的回归结果也可以理解为贸易自由化程度对个体教育投资具有显著正向影响，这一结果与散点图4-1和图4-2也十分吻合。

　　再观察表4-3的列（2）至列（4），逐渐加入反映个体和城市特征的控制变量后，地区贸易自由化对个体劳动者教育投资的促进影响依然在统计上十分显著。劳动者年龄增长会抑制自身的教育投资，即受教育年限随劳动者年龄增加而减少；反映个体能力的技能水平则显著提高了劳动者的受教育年限。二者对个体劳动者的教育投资影响都与本书第二章的理论分析部分十分吻合。现在观察表4-3的列（5）至列（8），控制年份固定效应后，地区贸易自由化对个体劳动者受教育年限的影响基本一致，初步说明地区贸易自由化对个体劳动者受教育年限的显著正向影响是可信的。通过比较列（4）与列（8）的回归结果发现，在同时增加个体控制变量和城市控制变量的基础上，控制年份固定效应后，地区贸易自由化对个体劳动者增加受教育年限的积极作用要略小于没有控制年份固定效应的情形。也就是说，简单OLS回归可能扩大了地区贸易自由化对个体教育投资的正向效应。从列（8）的结果来看，平均意义上，地区关税每下降一个百分点就会使个体的受教育年限增加3年左右。

　　观察其他的控制变量可以看到，户口对个体教育投资存在抑制作用，结合本书对户口这一变量的定义，外地户口以及农业户口会限制个体的教育投资，表明教育投资也存在户籍限制。相对女性而言，男性更可能在贸易自由化进程中增加自己的学校教育。城市层面的控制变量对个体教育投资的影响大都符合预期。城市吸引外资对劳动者的教育投资促进作用，在控制年份固定效应后在统计上显著，显现出外资引入的"技术溢出"效应，提高当地的平均技能水平，从而增加对技能工人的相对需求，高技能劳动者的实际报酬可能增加，鼓励个体进行教育投资。反映地区经济发展状况的变量人均GDP，以及反映城市规模的城市总人口变量，对个体劳动者受教育年限的影响都显著为正。结合本书第二章的理论推导，也可对这一结果做出解释：经济发展水平较高的地区，对高技能劳动者的需求相应更高，此时对个体劳动者而言，增加受教育年限以匹配未来工作中的技能需求变得更具吸引力，这一结果与李坤望等（2014）的研究保持一致。城市人口规模越大，劳动市场就业竞争就越激烈，提高了企业对更高素质劳动力需求的选择权，激发个体劳动者通过增加学校教育提升技能水平以满足企业需求。令人意外的是，控制年份固定效应后，地区教育支出对劳动者受教育年限的影响显著为负。对此，已有文献指出，中国式财政集权下对教育投入并不充足，不能促进人力资本投资（傅勇、张晏，2007）。

（二）地区贸易自由化、技能对个体教育投资的影响

由于个体劳动者能力差异在贸易自由化进程中对个体教育投资决策至关重要，现在我们开始分析计量模型（4-2）的回归结果。由于我们无法直接测度个体的技能水平，因此回归中通过个体参与的工作技能要求来反映个体的技能差异，最终体现个体劳动者的能力差异。表4-4报告了基于模型（4-2）的回归结果。

表4-4 基准回归二

变 量	受教育年限					
	（1）	（2）	（3）	（4）	（5）	（6）
$tariff_c$	−3.517***	−2.167***	−1.288***	−3.615***	−2.286***	−1.431***
	（0.188）	（0.165）	（0.164）	（0.191）	（0.169）	（0.173）
$tariff_c * skill$	4.535***	3.509***	3.936***	4.327***	3.238***	3.501***
	（0.643）	（0.600）	（0.946）	（0.637）	（0.595）	（0.932）
$skill$	2.582***	2.563***	2.410***	2.530***	2.552***	2.452***
	（0.030）	（0.028）	（0.030）	（0.031）	（0.028）	（0.030）
$lnage$	—	−3.978***	−4.094***	—	−3.924***	−4.135***
	—	（0.053）	（0.056）	—	（0.053）	（0.056）
$gender$	—	0.254***	0.246***	—	0.239***	0.251***
	—	（0.027）	（0.028）	—	（0.027）	（0.028）
$hukou$	—	—	−0.604***	—	—	−0.601***
	—	—	（0.033）	—	—	（0.033）
$lnpergdp$	—	—	0.233***	—	—	0.340***
	—	—	（0.043）	—	—	（0.046）

续　表

变　量	受教育年限					
	（1）	（2）	（3）	（4）	（5）	（6）
ln*expenditure*	—	—	−0.034	—	—	0.038
	—	—	（0.029）	—	—	（0.032）
ln*pop*	—	—	0.208***	—	—	0.178***
	—	—	（0.038）	—	—	（0.042）
ln*fdi*	—	—	0.049 1***	—	—	0.016
	—	—	（0.015）	—	—	（0.017）
常数项	10.59***	25.05***	22.53***	10.03***	24.50***	21.43***
	（0.018）	（0.195）	（0.364）	（0.033）	（0.198）	（0.403）
年份固定效应	否	否	否	是	是	是
观测值	38 894	38 894	34 581	38 894	38 894	34 581
R^2	0.171	0.281	0.303	0.179	0.285	0.305

注：表 4-4 是加入技能与地区贸易自由化的交互项之后的回归结果，其中列（1）至列（3）是没有加入年份固定效应的结果，列（4）至列（6）是添加年份固定效应的回归结果，回归时逐步增加个人和城市层面的控制变量。此外，回归中变量年龄取其对数值。括号内为标准差，*、**、*** 分别表示在 10%、5%、1% 上显著。

　　这一回归结果中，交互项是我们的重点考察对象。首先观察表 4-4 的列（1），在没有添加任何控制变量时，地区贸易自由化和技能强度都提高了个体劳动者的受教育年限，高技能劳动者相对低技能劳动者更可能会增加自身的受教育年限。引入职业能力与地区贸易自由化的交互项之后，交互项对劳动者受教育年限有显著正向影响。结合地区关税以及技能变量符号，交互项的系数符号表明，地区关税对低技能人群的受教育年限的正面影响更大，即地区关税越小，贸易自由化程度越深，越有利于低技能人群的教育投资，增加这一群体的受教育年限。根据第二章理论部分的分析结论，有成本的贸易增加了对技能工人的相对需求。由于拥有高技能的群体本身就更倾向投资教育，他们可能不需要额外投资教育来提升技能水平，用以满足贸易自由化增加的技能工人相对需求，但对低技能劳动者而言，地区贸易自由化对技能工人需求的影响提高了教育投资的预期报酬，刺激贸易自由化中的低技能劳动者通过教育投资来提高技能水平，用以满足贸易自由化进程增加的技能工人的相对需求，并在长期中获得更高的工资。

逐步增加个体和城市层面的控制变量，以及年份固定效应后，这一结果依然稳健，但平均而言，控制年份固定效应后，贸易自由化对个体增加受教育年限的积极影响下降了，可见控制变量的年份差异性是非常有必要的。控制变量方面，不论是个体层面的控制变量还是城市层面的控制变量的，其系数符号方向都基本符合预期，与基准回归一中的方向保持一致，这里将不再赘述。

二、地区贸易自由化对人力资本投资的影响：异质性回归

我国执行的是一种渐进式、由点到面、由浅入深、梯度推进的开放战略，以经济特区和沿海开放城市为重点，逐步向中、西部内陆地区推进。首先，通过在沿海省市试办经济特区，初探新时期对外开放的发展战略，形成扩大开放时期的有利经验；其次，通过逐步扩大沿海开放区域，引进先进技术和科技项目，形成整体技能相对更高的产业结构，以此带动腹地的经济发展；最后，从沿海城市扩张到内陆各省市，并逐渐形成全面开放的新格局。尽管当下反全球化浪潮始终没有消散，中美贸易摩擦自 2018 年以来也愈演愈烈，但中国依然坚定对外开放的基本国策，并在党中央文件中指出要"推动形成全面开放新格局""构建开放型世界经济"，以及在 G20 峰会等国际平台上倡导以构建人类命运共同体的博大胸怀和历史担当，推动形成更高层次的改革开放新格局，促进更高水平的世界经济再发展。

不难看出，中国的对外开放政策实行的是一个非均衡发展战略，即以东部沿海发达地区的优先发展，作为撬动整个国家经济的杠杆，在一定时期内保持地区之间适度的经济差距，然后有次序地发展中西部地区，最终实现全国经济的共同发展。中国通过实施渐进式的对外开放战略，采取先实验、取得成功经验后再推广的方法，既保证了对外开放的不可逆转，又充分考虑国内经济发展的需要和经济社会的承受能力，避免了盲目开放给产业带来的巨大冲击，走出了一条成功的渐进式的对外开放之路。但是，这种开放策略也必然会导致各地区间产业结构差异与贸易自由化进程差异，继而导致贸易自由化经济效应的传导差异。

（一）分地区回归

图 4-3 至图 4-5 分别以散点图的形式初步阐明了东、中、西部地区贸易自

由化与个体受教育程度的关系。从图中的拟合线斜率可以看出，三个经济区域中，贸易自由化进程都促进了个体的教育投资，增加了个体劳动者的受教育年限。从地区关税分布来看，东部地区关税集中在 10% 以内，是三个经济地区中平均关税最低的，这与中国渐进式的开放策略息息相关。

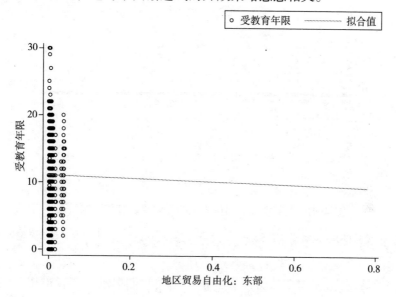

图 4-3　东部地区贸易自由化与个体受教育年限的关系

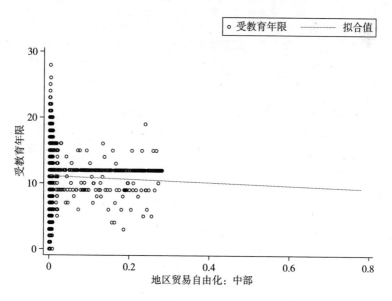

图 4-4　中部地区贸易自由化与个体受教育年限的关系

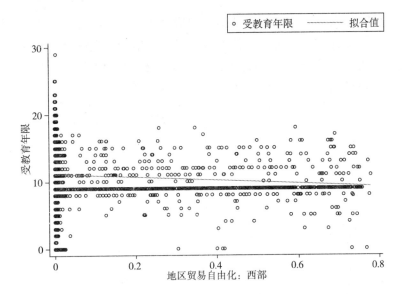

图4-5 西部地区贸易自由化与个体受教育年限的关系

（资料来源：根据CHIPs数据库、WITS数据库、中国工业企业数据库和中国城市统计年鉴整理计算）

地区贸易自由化与个体劳动者的散点图向我们揭示了二者正相关的关系，现在我们通过计量回归结果做进一步的验证，表4-5就是基于不同地区样本的回归结果。

表4-5 异质性回归一：分地区回归

A: 分地区估计一：东部地区		
变 量	受教育年限	
	（1）	（2）
$tariff_c$	−0.387***	−0.423***
	（0.073）	（0.078）
$tariff_c*skill$	1.720***	1.765***
	（0.101）	（0.102）

续　表

变　量	受教育年限	
	（1）	（2）
skill	0.155***	0.153***
	（0.004）	（0.004）
年份固定效应	否	是
观测值	18 262	18 262
R^2	0.265	0.267

B：分地区估计二：中部地区

变　量	受教育年限	
	（1）	（2）
tariff$_c$	−0.266***	−0.222***
	（0.044）	（0.044）
tariff$_c$*skill*	0.767***	0.777***
	（0.056）	（0.057）
skill	0.167***	0.164***
	（0.005）	（0.005）
年份固定效应	否	是
观测值	10 449	10 449
R^2	0.228	0.231

C：分地区估计三：西部地区

变　量	受教育年限	
	（1）	（2）
tariff$_c$	−0.058**	−0.116***
	（0.026）	（0.024）
tariff$_c$*skill*	0.287***	0.370***
	（0.049）	（0.043）

续 表

变 量	受教育年限	
	（1）	（2）
skill	0.203***	0.193***
	（0.007）	（0.007）
年份固定效应	否	是
观测值	5 679	6 005
R^2	0.247	0.206

注：表 4-5 是加入技能与地区贸易自由化的交互项的分地区样本的回归结果。回归中变量年龄取对数值，被解释变量受教育年限在这里也是对数值形式，报告结果略去所有个体层面和城市层面的控制变量。括号内为标准差，*、**、*** 分别表示在 10%、5%、1% 上显著。

 观察表 4-5 的结果发现，贸易自由化对三个地区劳动者的教育投资促进作用在统计上十分显著，并且对东部地区劳动者受教育年限的积极影响要高于中部和西部地区，这一方面反映了贸易自由化经济效应传导的地区异质性，另一方面表明个体教育回报率在不同地域可能存在差异。关于这一点，以往研究指出，东部地区的教育回报率明显高于中西部地区（邢春冰等，2013）。结合中国自改革开放以来的对外开放政策以及本书第二章的理论分析认为，东部省份城市作为最早一批对外开放的试验窗口，经历了最完整的产业结构调整和贸易结构升级，导致这些地区的技能溢价水平较中部和西部省市更高，提高了劳动者教育投资的预期报酬，鼓励他们继续参与学校教育，以匹配区域的技能需求水平。囿于地理因素和其他经济历史原因，中、西部地区的经济发展落后于东部地区，但随着"西部大开发"战略、中部崛起战略在后期提出并实施，以及早期发展起来的东部地区对中西部地区经济发展支持，中、西地区的产业结构调整、升级，对技能工人的需求也更多，相对提高的教育回报率使教育投资开始变得具有吸引力，更多劳动者在贸易自由化进程中选择获得更多受教育年限，以期未来投入劳动市场可以获得弥补教育投资机会成本的工资收入。

结合交互项的系数方向和分变量系数方向得出以下结论：首先，无论是贸易开放水平更高的东部地区，还是相对低贸易开放水平的中西部，地区关税越低，贸易自由化水平越高，贸易自由化都更多地提高了低技能劳动者的受教育年限；其次，在同一贸易自由化水平下，能力越高的个体更愿意进行教育投资，以提高技能水平。控制变量对劳动者受教育年限的影响基本与基准回归保持一致，我们在这里并没有报告，具体影响可以参见基准回归分析。

（二）分行业回归

　　由于技术水平差异，不同行业对雇佣工人的技能水平需求也是不一样的。CHIPs 调查数据对行业的分类依照《国民经济行业分类》进行，但是不同年份的版本会有所区别。因此，CHIPs 微观调查数据库中不同年份对就业行业的分类略有不同，主要体现在 2007 年及之后年份的行业分类较之前的年份更加细致。本书将 2007 年之后更为细化的行业分类进行整合以对应 2002 年和 1999 年的行业分类[①]，并删除了原 CHIPs 数据库中记录行业的缺失值样本，处理后的样本量为 39 149 个观测值。表 4-6 给出了最终整理后的行业分类，以及不同行业内就业的人数和行业就业占总就业的比重。观察表 4-6 可以发现，制造业就业随时间有下降的趋势，一定程度上反映了贸易自由化进程中我国产业结构调整对就业结构的影响，同时，制造业就业占比始终是所有行业就业占比最高的行业，这又在某种程度上反映了我国的产业结构特点。

---

① 关于 2007 年及之后年份的行业分类处理，我们将金融保险业与房地产业合并，住宿和餐饮业与批发和零售贸易合并，教育与文化、体育和娱乐合并，将 1999 年 /2002 年的社会服务业与 2007 年及之后年份的居民服务和其他服务业对应，1999 年 /2002 年的国家机关、党政机关和社会团体与 2007 年及之后年份的公共管理和社会组织对应，1999 年 /2002 年的卫生、体育和社会福利业与 2007 年及之后年份的卫生、社会保障和社会福利业对应，1999 年 /2002 年的地质勘查业、水利管理业与 2007 年及之后年份的水利、环境和公共设施管理业对应。

表4-6 行业信息描述

行业	1999年		2002年		2007年		2008年		2013年	
	人数	占比/%	人数	占比/%	人数	占比/%	人数	占比/%	人数	占比/%
农林牧渔业	57	0.88/	87	0.89	80	1.13	52	0.74	210	2.39
采矿业	162	2.51	140	1.42	72	1.02	60	0.85	265	3.03
制造业	2 299	35.67	2 805	28.52	1 270	17.93	1 176	16.74	1 364	15.58
电力燃气/煤气及水的生产和供应业	259	4.02	313	3.18	262	3.69	270	3.84	205	2.34
建筑业	246	3.82	307	3.12	258	3.64	275	3.91	435	4.97
交通运输、仓储及邮点通信业	633	9.82	748	7.61	643	9.08	616	8.77	614	7.01
批发和零售贸易、住宿与餐饮业	648	10.05	1 190	12.09	1 159	16.36	938	13.35	1 599	18.26
金融保险和房地产业	156	2.42	377	3.83	383	5.41	374	5.32	349	3.99
社会服务业/居民服务和其他服务业	364	5.65	1 061	10.79	807	11.39	770	10.96	1 028	11.74
卫生、体育和社会福利业/卫生、社会保障和社会福利业	234	3.63	459	4.67	274	3.87	321	4.57	345	3.94

续表

行业	1999年		2002年		2007年		2008年		2013年	
	人数	占比%	人数	占比%	人数	占比%	人数	占比%	人数	占比%
教育、文化、体育和娱乐业/教育、文化艺术和广播电影电视业	453	7.03	838	8.52	532	7.51	519	7.39	715	8.17
科学研究和综合技术服务业	120	1.86	169	1.72	166	2.34	164	2.33	69	0.79
国家机关、党政机关和社会团体/公共管理和社会组织	520	8.07	1 089	11.07	564	7.96	816	11.61	913	10.43
地质勘查业、水利管理业/水利环境和公共设施管理业	28	0.43	54	0.55	84	1.19	90	1.28	88	1.01
信息传输、计算机服务和软件业	—	—	—	—	227	3.20	306	4.36	275	3.14
租赁和商务服务业	—	—	—	—	251	3.54	275	3.91	281	3.21
其他行业	266	4.13	199	2.02	3	0.04	4	0.056	2	0.02

注：根据整理后的 CHIPs 数据库计算得到。

我们首先参照三次产业分类标准将行业分为第一产业、第二产业和第三产业[①]，分别考察贸易自由化对不同产业内个体劳动者的教育投资影响[②]，然后单独对就业占比最高的行业——制造业进行分析。回归结果如参见表4-7所示。

表4-7　异质性分析二：分行业回归

A：分三次产业估计一			
变　量	第一产业	第二产业	第三产业
$Tariff\_dt$	6.022***	−4.768***	−0.609
	（2.100）	（0.187）	（0.548）
观测值	486	12 443	26 220
R^2	0.006	0.020	0.000

B: 分三次产业估计二			
变　量	第一产业	第二产业	第三产业
$tariff_c$	16.92***	−3.582***	−0.936
	（3.018）	（0.168）	（0.617）
$tariff_c * skill$	−19.03***	3.095***	2.796***
	（3.512）	（1.194）	（0.925）
$skill$	4.259***	2.392***	2.555***
	（0.313）	（0.056）	（0.037）
观测值	484	12 351	25 988
R^2	0.266	0.163	0.162

[①]　第一产业指农、林、牧、渔业；第二产业主要指采矿业、制造业、建筑业，以及电力、热力及水生产和供应业；第三产业指除以上行业以外的所有其他行业。

[②]　尽管并非所有行业都属于可贸易部门，但由于一个地区的贸易自由化程度会直接影响该地区的经济活动，进而也会影响非贸易部门内个体的教育投资。因此，我们在这一部分并没有更细致地区分可贸易和不可贸易部门。

续 表

变量	受教育年限			
	（1）	（2）	（3）	（4）
$tariff_c$	−2.362***	−1.869***	−1.512***	−1.059*
	（0.241）	（0.261）	（0.213）	（0.579）
$tariff_c * skill$	—	—	2.515*	11.22***
	—	—	（1.330）	（0.660）
$skill$	—	—	2.196***	2.497***
	—	—	（0.065 8）	（0.064 2）
年份固定效应	否	是	否	是
观测值	7 760	7 760	7 705	7 705
R^2	0.196	0.203	0.317	0.317

C: 单独制造业估计

注：表 4-7 分行业以及单独对制造业分别报告了计量模型（4-1）和计量模型（4-2）的回归结果，并仅保留主要解释变量。括号内为标准差，*、**、*** 分别表示在 10%、5%、1% 上显著。

表 4-7A 报告了计量模型（4-1）的回归结果。可以看到，贸易自由化对第三产业内劳动者的教育投资影响在统计上不显著。尽管贸易自由化进程对第三产业内劳动者教育投资影响不确定，但会降低第一产业内劳动者的受教育年限，并提高第二产业内劳动者的受教育年限。可能的解释如下：产业属性决定第一产业受到的贸易冲击会很小，并且第一产业的技术水平要求更低，对技能工人的需求也相对更少，教育投资的机会成本高昂，因此贸易自由化进程对第一产业内劳动者的教育投资并不能起到促进作用。第二产业包含了制造业等工业行业，就目前的贸易结构而言，第二产业在我国贸易结构中占比最高，也就是说第二产业受贸易冲击较其他产业会更大，因而贸易冲击对产业内劳动者教育投资的影响也应该更加突出。改革开放以来，贸易结构不断优化升级，技术含量攀升，劳动者为匹配新的更高的技能需求，选择增加自身的受教育年限，以期获得未来高的回报率。尽管第三产业包括了很多技能要求较高的行业，如金融业、科学研究和综合技术服务业等，随着贸易自由化程度不断深化，进口竞争激发这类行业内企业对技能工人的需求，提高技能溢价，从而鼓励劳动者

进行教育投资。但通过观察表 4-6 我们发现，技能要求更低的服务业就业（如批发和零售贸易、住宿与餐饮业）在第三产业就业中所占比例更大，而此类行业在贸易自由化进程中增加对技能工人需求的容纳能力有限。最终表现出的结果是贸易自由化对第三产业劳动者教育投资的积极影响在统计上并不显著。

表 4-7B 是加入地区贸易自由化与技能水平交互项之后的分产业回归结果，贸易自由化对个体劳动者教育投资的影响基本保持与表 4-7A 的结果一致。此外，交互项对个体劳动者的影响表现出异质性。第一产业中，贸易自由化对低技能劳动者的负面影响更大；第二产业中，贸易自由化对低技能劳动者教育投资的积极影响更大；第三产业中，由于地区贸易自由化对个体教育投资影响不显著，不能根据交互项来判断贸易自由化对能力不同个体的差异化影响。

表 4-7C 报告了贸易自由化对制造业中个体教育投资影响的回归结果，符合预期。由此可知，无论是总体回归还是反映异质性个体的回归，地区贸易自由化都显著提高了个体的受教育年限，结合我们对表 4-7A 的结果分析认为，贸易自由化对制造业行业内个体教育投资的正向影响可能是贸易结构调整促进产业技术升级，增加了技能工人需求，提高了技能溢价水平。根据本书第二章的理论分析，这会提高个体教育投资的预期报酬，鼓励个体劳动者增加教育投资。交互项显著提高了个体劳动者的受教育年限，结合分变量的系数符号判断，在制造业中，贸易自由化对低技能个体教育投资的正向影响更大，与总体回归结果一致。

（三）分性别回归

大量研究表明，男性和女性的教育回报存在差异（Zhang et al., 2005; 黄志岭、姚先国，2009），因此个体在贸易自由化进程中的教育决策也可能存在性别差异。表 4-8 报告了分性别回归的结果。

表4-8　异质性分析三：分性别回归

A：分性别估计一				
男　性	受教育年限			
$tariff_c$	−1.287***	−0.850***	−1.435***	−1.374***
	（0.238）	（0.241）	（0.292）	（0.297）
$tariff_c*skill$	—	—	0.245	0.870*
	—	—	（0.442）	（0.445）

男　性	受教育年限			
skill	—	—	1.890***	2.146***
	—	—	（0.044）	（0.045）
年份固定效应	否	是	否	是
观测值	19 815	19 815	19 815	19 815
R^2	0.191	0.213	0.191	0.213

B：分性别估计二

女　性	受教育年限			
Tariff_dt	−1.306***	−0.893***	−1.739***	−1.540***
	（0.262）	（0.267）	（0.320）	（0.327）
*tariff$_c$*skill*	—	—	0.806	1.209**
	—	—	（0.497）	（0.501）
skill	—	—	2.152***	2.262***
	—	—	（0.048）	（0.048）
年份固定效应	否	是	否	是
观测值	16 099	16 099	16 099	16 099
R^2	0.287	0.303	0.287	0.303

注：表4-8分性别分别报告了计量模型（4-1）和计量模型（4-2）的回归结果，并略去各控制变量。括号内为标准差，*、**、*** 分别表示在10%、5%、1%上显著。

　　表4-8A部分报告了男性子样本下计量模型（4-1）和（4-2）的回归结果，可以看到地区贸易自由化以及技能与地区贸易自由化的交互项对男性受教育年限的影响与总样本保持一致，即地区贸易自由化进程对男性的教育投资起到了推动效应，男性随贸易自由化的深化而增加自己的教育投资，并且这种促进效应对低技能男性个体的影响更大。表4-8B部分报告了女性子样本下计量模型（4-1）和（4-2）的回归结果。首先，贸易自由化对女性的受教育年限影响显著为正。换句话说，女性会随贸易自由化的深化而增加自己的教育投资。同

时，比较表 4-8A 列（2）与表 4-8B 列（2）的系数发现，地区关税越低，贸易自由化程度越高，对女性受教育年限的增加效应略高于男性，这一结论与以往研究（黄志岭、姚先国，2009；张川川，2015）认为的女性教育回报显著高于男性的结论一致。同时，女性样本中，交互项对女性受教育年限的影响也是显著为正的，结合技能与地区关税的系数符号，我们能够得出这样的结论：地区贸易自由化对女性劳动者中低技能劳动者受教育年限的提高作用更大。可见，贸易自由化对个体教育投资的影响存在较大的性别差异。

第三节　内生性问题与稳健性检验

一、内生性问题

（一）工具变量的选取

Grossman 和 Helpman（2002）的理论认为，在没有外部压力的情况下，贸易政策是政治和经济发展过程中的内生结果。也就是说，由于政策考虑和当代经济条件，关税可能是内生的。但这在中国背景下并不是一个主要考虑的问题，因为中国政府对每个行业的关税削减程度几乎都没有政策酌处权（Brandt et al.，2017; Dai et al.，2018）。加入 WTO 后，中国所有可贸易行业的关税都必须降低到特定水平。换言之，无论最初的关税水平如何，加入 WTO 后的关税税率都集中在同一较低的水平。图 4-6 利用样本期间地区关税变动与 1999 年的初始关税水平的散点图说明了这一问题。本书认为，以下两个方面可以表明贸易政策的内生性问题：①关税的初始下降可能只是长期趋势的延续。中国历经长达 15 年的复关、"入世"谈判历程，其间我国关税水平经过多次大规模大幅度下调以契合"入世"谈判要求，并在加入 WTO 后履行"入世"承诺，逐步下调关税水平。②贸易保护水平的横截面变化可能与经济和政治因素有关。效率较低的行业可能享有较高的保护程度，劳动和商业的政治力量也常被认为是贸易保护的决定因素。如果生产率较低的行业或游说能力较高的行业更集中于经济发展程度较低的地区，那么结合第二章的理论分析认为，地区关税可能正向影响个体的教育投资。

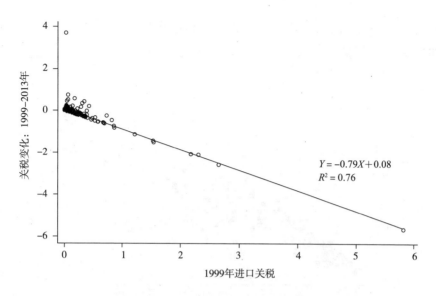

图 4-6 关税削减与初始关税之间的关系

（资料来源：根据 WITS 数据库和中国工业企业数据库计算得到）

为了解决地区关税的内生问题，本书遵循 Gaston 和 Trefler（1997）以及 Beaulieu（2000）的做法来构建工具变量。WTO 协议规定了中国"入世"的进入税率、目标税率和履行这些义务的目标年份。进入税率是指中国加入 WTO 时的税率，而目标税率则是在规定的年份内必须达到的低水平税率。首先，用 2001 年中国加入 WTO 年份的最终品关税对 1999—2000 年期间的行业特征变量进行横截面回归[①]，这些特征变量包括了行业产出增长率、工资变化率、就业增长、利润变化率、进口变化率等，得到 2001 年最终产品关税率的拟合值；然后，根据中国加入 WTO 关于关税减让的承诺（我们根据中国"入世"协定书承诺的各年关税平均水平，计算得到各年关税减让的变化率），对所有行业共同实施"相同的关税率减让规则"，以已经计算出的 2001 年最终平关税拟合值为基期，得到随后 2002 年至 2008 年的最终产品关税的拟合值，2013 年的最终产品关税率用 2008 年的值来代替，这是因为中国"入世"协定书的承诺关税到 2008 年结束，或者说按照"入世"协定，应该在 2008 年就已经完成协定关税水平。"入世"之前年份的拟合关税用实际关税来代替。最后，我们再根据行业就业比重加权，计算得到地区层面关税。图 4-7 是根据上述计算方法得到的作为工具变量的地区拟合关税与地区实际关税的散点图，从

① 图 4-6 向我们表明了关税变动与初始年份关税的强相关关系。

图中可以发现二者的强相关性（相关系数高达 0.838），这也表明中国遵循了"入世"协议，降低了关税。

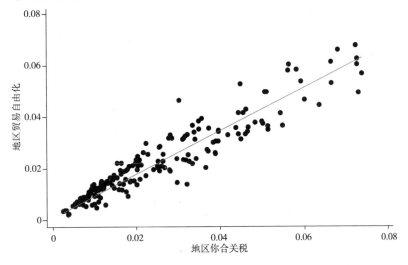

图 4-7　地区贸易自由化与其工具变量的散点图

（资料来源：根据 WITS 数据库和中国工业企业数据库计算得到）

工具变量的选取要满足二个条件：第一，选择的工具变量满足工具外生性（instrument exogeneity）条件，即工具变量对被解释变量的无偏效应；第二，选择的工具变量满足工具相关性（instrument relevance）条件，即选择的工具变量与感兴趣的变量高度相关。利用豪斯曼检验（Hausman test）发现，回归中地区贸易自由化确实存在内生性问题（豪斯曼检验值为 117.34，拒绝了地区贸易自由化不存在内生性问题的原假设）。结合本书选择工具变量的过程，我们认为以 2001 年最终品拟合关税构建的地区拟合关税是实际关税水平的一个很好的工具变量，恰好符合了计量经济学上选择工具变量的要求。基于工具变量的两阶段最小二乘（two stage least squares，2SLS）的回归结果如表 4-9 所示。

表4-9　工具变量回归结果

变　量	受教育年限			
	（1）	（2）	（3）	（4）
$tariff_c$	−5.155***	−1.294	−5.023***	−7.635***
	（1.335）	（1.616）	（1.538）	（1.778）

续　表

变　量	受教育年限			
	（1）	（2）	（3）	（4）
tariff$_c$*skill	—	7.272***	—	6.926***
	—	（2.353）	—	（2.371）
skill	2.184***	2.277***	2.479***	2.316***
	（0.031）	（0.062）	（0.030）	（0.063）
ln*age*	−4.144***	−4.081***	−4.109***	−4.112***
	（0.057）	（0.056）	（0.057）	（0.057）
hukou	−0.602***	−0.605***	−0.599***	−0.599***
	（0.032）	（0.032）	（0.032）	（0.032）
gender	0.236***	0.245***	0.248***	0.247***
	（0.030）	（0.029）	（0.029）	（0.029）
ln*pergdp*	0.390***	0.237***	0.316***	0.320***
	（0.046）	（0.045）	（0.046）	（0.046）
ln*expenditure*	0.120***	0.012	0.087***	0.086***
	（0.029）	（0.029）	（0.032）	（0.032）
ln*pop*	0.170***	0.226***	0.174***	0.177***
	（0.040）	（0.039）	（0.043）	（0.043）
ln*fdi*	−0.015	−0.017	−0.037**	−0.037**
	（0.017）	（0.017）	（0.017）	（0.017）
常数项	19.95***	22.55***	21.70***	21.74***
	（0.401）	（0.393）	（0.412）	（0.412）
F 值	1 260.05	1 330.44	1 033.19	960.19
年固定效应	否	否	是	是
观测值	34 355	34 355	34 355	34 355
R^2	0.249	0.279	0.281	0.281

　　注：表4-9基于工具变量回归报告了计量模型（4-1）和计量模型（4-2）的回归结果，其中列（1）和列（2）没有控制年份固定效应，列（3）和列（4）则是在年份固定效应下的回归结果。括号内为标准差，*、**、***分别表示在10%、5%、1%上显著。

（二）工具变量回归结果分析

从表 4-9 可以看出，在控制年份固定效应之后（列（3）和列（4）），地区贸易自由化依然显著提高了个体劳动者的受教育年限，并且在相同的地区关税水平下，即相同的贸易自由化程度，高技能劳动者相对低技能劳动者提高受教育年限更多，同时贸易自由化进程对低技能劳动者教育投资的促进作用更大。以上结果均在 1% 的统计水平上显著，并且作用方向也与之前的回归结果相同，说明我们的结果是稳健的。继续考察控制年份固定效应后的回归结果发现，并对比列（1）的结果，控制住年份差异后，贸易自由化对个体劳动者增加受教育年限的影响略低，运用工具变量回归得到的贸易自由化对个体劳动者教育投资的影响更小。也就是说，利用普通最小二乘法（ordinary least squares，OLS）回归估计时，关键解释变量的内生性问题导致估计结果产生了向上的偏误。

再观察控制变量的回归结果，发现基本与基准回归结果保持一致。代表城市经济发展水平的人均 GDP 在 1% 的统计水平上显著提高了个体劳动者的受教育年限，城市人口规模变量以及城市的教育支出对个体劳动者的教育投资的影响都显著为正，与基准回归结果有差异的是城市吸引外资对个体劳动者教育投资的影响。在基准回归中，当控制年份差异后，城市吸引外资在 10% 的统计显著水平上提高了个体劳动者的受教育年限，但在工具变量回归中，控制年份固定效应后，外资在 1% 统计显著水平上抑制了个体劳动者的教育投资。出现这一差异的原因可能也是基准回归中的内生性问题导致。对于城市吸引外资对劳动者的教育投资并没有显现出外资引入的"技术溢出"效应，这可能是因为吸引的外资实际上是与当地的技能水平相匹配，甚至是吸收的 FDI 技术水平较低，形成了一种低素质劳动力锁定效应（Long，Riezman and Soubeyran，2007）。不存在提高当地技能水平的"技术溢出"效应，从而也就不能提高对技能工人的相对需求，高技能劳动者的实际报酬不会增加，不会鼓励个体增加教育投资。个体层面的控制变量系数方向全部保持与基准回归一致。

需要指出的是，若选取的工具变量存在弱工具变量问题，2SLS 估计不仅很难矫正 OLS 估计的偏差，反而因为有更大的标准差而导致估计更加低效率（Bound，Jaeger and Baker，1995）。Staiger 和 Stock（1997）中的经验法则认为，当只存在一个内生解释变量时，第一阶段回归的 F 值大于 10 是一个经验分割点。为了检验本书所用工具变量是否为弱工具变量，本书的回归结果中也报告了第一阶段的 F 统计值，其值都远远超过了 10，说明本书选取的工具变量不存在弱工具变量问题。另外，由于工具变量的个数恰好等于内生解释变量的个数（只有 $Tariff_c$），计量模型是恰好识别的，无需执行过度识别检验。

二、稳健性检验

在此之前，我们分别从全样本的角度以及异质性角度考察了地区贸易自由化与个体劳动者教育投资的因果关系，并在克服了关税内生性问题后，证实我们的计量结果是可信的。接下来，为了进一步检验回归结果的稳健性，我们分别改变因变量定义和关键解释变量地区贸易自由化定义来进行回归分析。

（一）改变教育投资定义

用个体劳动者的受教育程度来代替受教育年限的回归结果如表 4-10 所示。

表4-10　稳健性检验一：基于受教育程度的回归

A：全样本估计 / 分性别样本估计					
变　量	全样本回归	分性别的回归			
	受教育程度	受教育程度			
	（1）	（2）	（3）	（4）	（5）	（6）
$tariff_c$	−0.140*	−0.226**	−0.464***	−0.538***	−0.780***	−0.828***
	（0.079）	（0.094）	（0.094 6）	（0.105）	（0.125）	（0.136）
$tariff_c*skill$	—	0.280*	—	—	0.524***	0.543***
	—	（0.147）	—	—	（0.176）	（0.196）
$skill$	—	1.052***	1.061***	1.085***	0.951***	0.986***
	—	（0.013）	（0.015）	（0.016）	（0.0178）	（0.0182）
年固定效应	是	是	是	是	是	是
观测值	35 567	35 567	19 815	16 099	19 815	16 099
R^2	0.318	0.318	0.246	0.343	0.246	0.343

B: 分地区的估计						
变　量	受教育程度					
	（1）	（2）	（3）	（4）	（5）	（6）
$tariff_c$	−0.969***	−2.366***	−0.350***	−0.652***	−0.186*	−0.752***
	（0.235）	（0.380）	（0.134）	（0.223）	（0.104）	（0.118）
$tariff_c*skill$	—	4.439***	—	1.151***	—	1.149***
	—	（0.378）	—	（0.247）	—	（0.175）
$skill$	—	0.954***	—	1.023***	—	1.040***
	—	（0.016）	—	（0.022）	—	（0.030）
变　量	受教育程度					
	（1）	（2）	（3）	（4）	（5）	（6）
年固定效应	是	是	是	是	是	是
观测值	18 361	18 282	10 713	10 473	6 751	5 709
R^2	0.320	0.332	0.301	0.311	0.382	0.366

C：分行业的估计						
变　量	受教育程度					
	（1）	（2）	（3）	（4）	（5）	（6）
$tariff_c$	0.837	−0.235*	−0.142	−0.463	−0.607***	−1.282***
	（0.665）	（0.135）	（0.095）	（2.404）	（0.167）	（0.112）
$tariff_c*skill$	—	—	—	−0.049	0.970***	1.958***
	—	—	—	（2.394）	（0.233）	（0.157）
$skill$	—	—	—	1.310***	0.857***	1.026***
	—	—	—	（0.123）	（0.022）	（0.014）

续　表

变　量	受教育程度					
	（1）	（2）	（3）	（4）	（5）	（6）
年固定效应	是	是	是	是	是	是
观测值	446	10 718	24 593	423	10 348	23 693
R^2	0.622	0.309	0.317	0.634	0.314	0.314

注：表4-10分三部分报告改变因变量定义后的回归结果. 其中，表4-10A列（1）是全样本下混合 OLS 回归结果，列（2）是全样本下增加地区贸易自由化与技能交互项的混合 OLS 回归结果；列（3）至列（6）是控制年份固定效应后区分性别的回归结果，其中列（3）和列（5）是基于男性个体样本的回归结果，列（4）和列（6）是基于女性个体样本的回归结果，并且列（5）和列（6）增加了交互项。表4-10B 和表4-10C 分别是区分地区和行业的回归结果。所有回归采用稳健性标准误以克服异方差影响。括号内为稳健标准差，*、**、*** 分别表示在10%、5%、1% 上显著。

　　首先观察表4-10A，结果与基准回归和分性别回归的结果保持一致。平均而言，女性在进口贸易自由化中会更多地进行教育投资，无论男性还是女性，贸易自由化对低技能个体的教育促进作用更大。Son（2014）的研究指出，个体的教育水平发生改变（如从初中升级到高中），会使其工资水平上升到一个新的层次，这将远远高于同一教育水平下多读一年书带来的工资增长。根据列（5）和列（6）地区贸易自由化的系数结果，地区贸易自由化进程对处于某一教育水平最后一个年级的学生影响可能更大，导致这一群体面对贸易自由化进程时，更愿意留在学校继续学习，实现受教育程度的升级。这一回归结果与 Edmonds 等（2009，2010）对印度的研究结论相佐，同样是针对发展中国家关于贸易自由化对个体教育投资的影响，Edmonds 等人发现印度的关税政策改革提高了印度儿童的辍学率。对此，我们认为造成这一结果差异的原因在于后者的研究针对的是较小学龄儿童的研究，而本书针对的则是劳动人口，两者的研究群体有所差异。此外，Zhao（2016）的研究结论支持本书的结论，即在长期内，贸易自由化并不会抑制青少年的教育投资。根据本书第二章的理论分析，贸易自由化进程中，伴随出口企业扩张和非出口企业规模萎缩，市场对技能工人的相对需求会提高，以提高个体接受教育的预期报酬，鼓励个体进行教育投资。

再观察表 4-10B 和表 4-10C，改变教育投资变量后，分地区和行业的回归结果依然稳健。比较表 4-10B 的列（1）、列（3）和列（5）发现，贸易自由化对东部地区个体教育投资的正向影响最大，中部次之，西部最低，反映出东部地区的教育回报率最高。再比较表 4-10B 的列（2）、列（4）和列（6）发现，贸易自由化都是对低技能人群的教育促进作用更大，符合异质性回归中对分地区回归结果的分析，这里也不再赘述。最后，观察表 4-10C 的列（1）到列（3）发现，贸易自由化对第二产业个体的受教育年限的影响显著为正，对第一产业和第三产业内个体教育投资的影响在统计上不显著。观察列（4）到列（6），贸易自由化对第二产业和第三产业内低技能劳动力教育投资的促进效应更大，对第一产业内劳动者的教育投资行为影响并不显著。

（二）改变地区贸易自由化定义

除改变教育投资定义外，本书还使用有效保护率（effective rates of protection，ERP）作为衡量贸易自由化的替代指标，以此检验相关结论的可靠性。具体而言，我们首先根据最终品关税和中国 2002 年投入产出表计算出行业层面的中间投入品关税，再结合行业层面的产出关税和中间投入品成本等变量以及行业就业权重，计算得到地区层面的关税有效保护率[①]。行业层面的有效保护率的测算公式如下：

$$ERP_i = \frac{outputtariff_i - MS_i \times inputtariff_i}{1 - MS_i} \qquad (4\text{-}3)$$

式中：MS_i 为行业层面的中间投入品占行业总产出的比重。

基于有效保护率的回归结果如表 4-11 所示，基本与基准回归和改变因变量定义后的回归结果保持一致。首先，全样本回归结果表明，从平均意义上讲，地区关税有效保护率越低，贸易自由化程度越高，越有利于个体进行教育投资，增加自身的受教育年限；在相同的地区有效保护率水平下，高技能劳动者更可能投资学校教育，同时贸易自由化进程对低技能个体劳动者的教育投资正向影响更大。其次，分样本回归结果表明：第一，地区关税有效保护率越低，贸易自由化程度越高，女性个体增加受教育年限略高于男性个体劳动者，并且无论是男性劳动者还是女性劳动者，贸易自由化进程提高受教育年限的作用都对技能相对低的个体更大；第二，贸易自由化对东部地区个体教育投资促进效应最大，中部次之，对西部地区个体教育投资的影响在统计上不显著，加

---

① 分年度观察均值发现，地区关税有效保护率的均值要高于地区关税。

入交互项之后，交互项对个体受教育年限的影响显著为正，说明贸易自由化对低技能个体的影响更大；第三，综合而言，以地区关税有效保护率衡量的贸易自由化，对第二产业内个体受教育年限的影响是显著为正的，而且交互项对个体受教育年限的影响与基准回归保持一致。

表4-11　稳健性检验二：基于地区有效保护率的回归

A：全样本估计 / 分性别样本估计					
变　量	**全样本回归**		**分性别的回归**			
	受教育年限		受教育年限			
	（1）	（2）	（3）	（4）	（5）	（6）
ERP_c	−2.805***	−4.630***	−2.226***	−3.566***	−3.464***	−6.043***
	（0.332）	（0.356）	（0.450）	（0.494）	（0.471）	（0.515）
$ERP_c*skill$	—	3.202***	—	—	2.131***	4.442***
	—	（0.230）	—	—	（0.302）	（0.315）
$skill$	2.481***	2.037***	2.480***	2.460***	2.194***	1.820***
	（0.030）	（0.044）	（0.041）	（0.046）	（0.059）	（0.065）
年固定效应	是	是	是	是	是	是
观测值	34 203	34 203	18 892	15 311	18 892	15 311
R^2	0.282	0.286	0.260	0.311	0.262	0.320
B: 分地区的估计						
变　量	**受教育年限**					
	（1）	（2）	（3）	（4）	（5）	（6）
ERP_c	−2.728***	−2.166***	−1.376**	−0.652***	0.807	−0.752***
	（0.585）	（0.596）	（0.697）	（0.223）	（0.948）	（0.118）
$ERP_c*skill$	—	2.618***	—	4.769***	—	5.425***
	—	（0.254）	—	（0.546）	—	（0.707）
$skill$	2.375***	1.972***	2.597***	2.067***	2.526***	1.765***
	（0.041）	（0.0576）	（0.0574）	（0.0820）	（0.080）	（0.130）

续　表

变　量	受教育年限					
	（1）	（2）	（3）	（4）	（5）	（6）
年固定效应	是	是	是	是	是	是
观测值	18 302	18 302	10 402	10 402	5 499	5 499
R^2	0.308	0.312	0.263	0.268	0.279	0.287

C：分行业的估计

变　量	受教育年限					
	（1）	（2）	（3）	（4）	（5）	（6）
ERP_c	−2.505	−2.311***	−2.966	−7.366**	−3.456***	−5.628***
	（2.627）	（0.596）	（2.403）	（3.548）	（0.623）	（0.421）
$ERP_c*skill$	—	—	—	−1.118	2.215***	4.612***
				（2.261）	（0.365）	（0.271）
$skill$	2.928***	2.226***	2.499***	3.032***	1.943***	1.830***
	（0.313）	（0.058 4）	（0.036 9）	（0.359）	（0.075）	（0.054）
年固定效应	是	是	是	是	是	是
观测值	421	10 280	23 502	421	10 280	23 502
R^2	0.503	0.272	0.275	0.503	0.274	0.282

注：表4-11分三部分报告改变地区贸易自由化定义后的回归结果。其中，表4-11A列（1）是全样本下混合OLS回归结果，列（2）是全样本下，增加地区贸易自由化与技能交互项的混合OLS回归结果；列（3）至列（6）是控制年份固定效应后区分性别的回归结果，其中列（3）和列（5）是基于男性个体样本的回归结果，列（4）和列（6）是基于女性个体样本的回归结果，并且列（5）和列（6）增加了交互项。表4-11B和表4-11C分别是区分地区和行业的回归结果。所有回归采用稳健性标准误以克服异方差影响。括号内为稳健标准差，*、**、***分别表示在10%、5%、1%上显著。

第四节　机制分解——技能溢价与就业效应

一、中介效应模型的设定

通过前文的理论与经验分析，我们得到一个重要结论：以地区关税衡量的贸易自由化对个体教育投资具有正向促进作用，即随着贸易自由化程度不断加深，个体会选择增加自身的受教育年限。同时，本书第二章的理论分析表明，贸易自由化通过提高技能溢价增加了教育投资的预期报酬，鼓励个体进行教育投资；贸易自由化也会通过就业影响个体教育投资，但如何影响则需要确定就业创造对技能的需求。由此，我们需要进一步探讨的问题是贸易自由化如何通过这两种机制作用于个体的教育投资。下面通过构建中介效应模型对这两种传导机制进行检验。对这一问题进行深入的研究，不仅可以深化我们对贸易自由化与个体教育投资之间关系的认识，也有利于更好地评估贸易自由化的经济传导效应。结合本书第二章得到的理论假说 1 和理论假说 2，我们通过引入技能溢价（ *skillprem* ）和就业率（ *employ* ）这两个中介变量来构造中介效应模型，以此来考察贸易自由化影响个体教育投资的传导机制。

构造中介效应模型的基本程序分为以下三步：首先，我们将因变量个体的受教育年限（ $Education_{ict}$ ）对基本自变量地区关税（ $tariff_{ct}$ ）进行回归；其次，将中介变量（技能溢价和就业率）对基本自变量进行回归；最后，将因变量同时对基本自变量和中介变量进行回归。本书完整的中介效应模型由如下方程组构成：

$$Education_{ict} = \beta_0 + \beta_1 tariff_{ct} + \beta_2 X_{ct} + \beta_3 I_{ict} + \varepsilon_{ict} \tag{4-4}$$

$$skillprem_{jt} = \alpha_0 + \alpha_1 tariff_{ct} + \alpha_2 X_{ct} + \alpha_3 I_{ict} + \varepsilon_{ict} \tag{4-5}$$

$$employ_{ct} = \gamma_0 + \gamma_1 tariff_{ct} + \gamma_2 X_{ct} + \gamma_3 I_{ict} + \varepsilon_{ict} \tag{4-6}$$

$$Education_{ict} = \lambda_0 + \lambda_1 tariff_{ct} + \lambda_2 skillprem_{jt} + \lambda_3 employ_{ct} + \lambda_4 X_{ct} + \lambda_5 I_{ict} + \varepsilon_{ict} \tag{4-7}$$

其中，回归方程式中的下标 j 代表行业。技能溢价用各行业中高技能劳动者与低技能劳动者的劳动工资比值来衡量，技能溢价的数据来自世界投入产出数据库（WIOD）中的社会经济账户（socio economic accounts，SEA），该数据库分两个版本分别提供了 1995—2009 年中国高、中、低技能劳动分行业劳动供给（工作时间）和劳动工资的数据。[①] 其中，劳动力的技能分类依据教育水平进行：接受初等教育的劳动归类为低技能劳动，接受中等教育的劳动归类为中技能劳动，接受高等教育的劳动归类为高技能劳动。本书理论部分关注的是高低技能劳动的技能溢价，在此将每个行业的高、中技能劳动合并作为高技能劳动，并参考杨飞（2017）的做法，以工作时间为权重，计算合并后的高技能劳动工资，以此计算分行业的技能溢价。基于数据库技能劳动数据年份的限制，计量模型的样本期 2013 年的技能劳动力占比用 2009 年的数据代替，并利用 2013 年的分行业的总工资水平计算得到高技能与低技能劳动的行业工资水平。由于 CHIPs 数据库个体就业所在行业的分类是依照国标中的大类进行，我们将 WIOD 中以国际标准产业分类（ISIC Rev3.0）分类的行业与之进行对应，最终的行业包括 20 个大类的行业。

就业指标方面，本书参考张川川（2015）的做法，将城市（地级市）视为一个局部劳动力市场，在城市层面计算制造业和服务业就业人口占 16 ~ 64 岁劳动年龄人口的比重，用作对本地劳动力市场就业需求的度量，即就业用城市 c 在 t 年的非农就业人口占劳动年龄人口的比例来衡量。本书第二章的理论部分指出，贸易自由化通过就业渠道影响个体的教育投资时，取决于就业的净增加是不是提高了高技能岗位需求，只有高技能岗位增加才能提高个体劳动者进行教育投资的预期报酬，鼓励个体实现教育投资。因此，进一步地，我们按照就业人口是否具有高中及以上学历[②] 进行分组估计，如表 4-12 所示。

表4-12 贸易自由化与就业增长

变 量	城市就业人口 / 劳动年龄人口				
	总就业	高中以下	高中及以上	大学以下	大学学历
$tariff_{ct}$	−0.057**	0.222***	−0.182***	−0.011	−0.154***
	（0.024）	（0.047）	（0.027）	（0.030）	（0.049）
控制变量	是	是	是	是	是

① 本书使用 WIOD 提供的劳动工资数据是因为样本数据中工资缺失值太多会影响回归结果的科学性与可靠性。

② 本书将中技能与高技能合并，按照受教育程度划分的中技能指拥有高中学历的个体，因此这里的处理是将高中及以上学历的个体归并为高技能。

续　表

变　量	城市就业人口 / 劳动年龄人口				
	总就业	高中以下	高中及以上	大学以下	大学学历
观测值	35 413	11 203	24 210	22 434	7 620
R^2	0.096	0.093	0.105	0.099	0.097

注：表 4-12 是分解总就业中受教育程度后的回归结果，所有回归采用稳健性标准误以克服异方差影响。括号内为稳健标准差，*、**、*** 分别表示在 10%、5%、1% 上显著。

表 4-12 的第一列实际上也是机制检验计量方程（4-6）的回归结果。从表 4-12 的回归结果可以很清晰地看到，地区贸易自由化推动的就业需求几乎完全表现为大学学历人口的就业增长，贸易自由化对大学以下学历人口就业的影响在统计上不显著。这也间接表明，贸易自由化带动的高中及以上学历就业人口的增长基本上集中于高中学历人口。同时，结合贸易自由化与总就业以及对高中以下学历人口的就业影响来分析，地区关税越低，贸易自由化程度越高，平均而言，关税每下降一个百分点，新增岗位为 0.057 个；地区关税越高，贸易自由化程度越低，高中及以上学历的岗位供给增加。关于贸易自由化与就业创造之间的关系，毛其淋和许家云（2016）指出，中间品贸易自由化促进了高生产率企业的就业创造，并同时促进了低生产率企业的就业破坏。综合而言，进口贸易自由化进程的就业创造效应表现为对中、高技能劳动力的需求，特别是对高技能劳动力的需求。根据本书第二章的理论分析结果，贸易自由化最终将激励个体进行教育投资。现在我们将通过表 4-13 报告贸易自由化对个体教育投资的影响渠道检验结果。

表4-13　贸易自由化与教育投资：影响机制检验

变　量	（1）	（2）	（3）	（4）	（5）	（6）
	受教育年限	技能溢价	总就业	受教育年限	受教育年限	受教育年限
$tariff_{ct}$	−3.032***	−3.672***	−0.057**	−1.357***	−0.568***	−0.437**
	（0.213）	（0.778）	（0.024）	（0.163）	（0.099）	（0.171）
$skillprem$	—	—	—	0.021***	—	0.009***
	—	—	—	（0.002）	—	（0.002）

续　表

变　量	（1）	（2）	（3）	（4）	（5）	（6）
	受教育年限	技能溢价	总就业	受教育年限	受教育年限	受教育年限
employ	—	—	—	—	0.148***	0.021*
	—	—	—	—	（0.022）	（0.012）
控制变量	是	是	是	是	是	是
年固定效应	是	是	是	是	是	是
观测值	34 626	14 102	35 413	14 050	35 613	14 169
R^2	0.265	0.263	0.096	0.201	0.117	0.120

注：表 4-13 是利用中介效应回归检验贸易自由化影响渠道的回归结果，所有回归采用稳健性标准误以克服异方差影响。括号内为稳健标准差，*、**、*** 分别表示在 10%、5%、1% 上显著。

二、中介效应模型的结果解析

（4-4）式即为基准回归一的结果，因此我们将表 4-3 列（8）的回归结果直接复制到表 4-13 的列（1）中。表 4-13 列（2）和列（3）分别是对模型（4-5）和（4-6）进行估计的结果。此外，为了结果的稳健性考虑，我们将中介变量 *skillprem* 和 *employ* 分别加入（4-4）式进行估计，结果分别列于表 4-13 列（4）和列（5）。表 4-13 列（6）进一步报告了同时加入中介变量 *skillprem* 和 *employ*，即模型（4-7）的估计结果。

表 4-13 列（2）报告了以行业技能溢价为因变量的回归结果。由此可知，地区关税变量 $tariff_{ct}$ 的估计系数为负并通过 1% 水平的显著性检验，表明贸易自由化提高了行业技能溢价水平。根据本书在第二章理论部分的分析，当企业是技能偏向的异质性企业时，经济体由封闭转向开放，而且进行贸易的两个经济体是对称的，贸易成本下降，贸易自由化不断深化，只有最有竞争力、成本最低 / 技能密集度高的企业出口并扩大规模，但技术密集度较低的非出口企业面临日益增加的进口竞争，要么会退出市场，要么会缩小规模。平均而言，企业的这种结构变化以及企业规模变化提高了对技能工人的总需求，从而提高了技能溢价水平，从经验层面验证了结论 1。从表 4-13 列（3）可以看出，地区关税变量 $tariff_{ct}$ 的估计系数也显著为负，并通过 1% 水平的显著性检验。也就是说，贸易自由化显著促进了地区就业，这里再结合对表 4-12 的分析，综

合说明贸易自由化的净就业创造效应增加了对高技能劳动的需求，进一步来看，地区关税下降一个百分点，也就是贸易自由化提高一个百分点，就可以增加 0.057 个就业岗位。根据本书第二章的理论分析，贸易自由化进程增加高技能岗位需求的主要原因如下：在开放经济中，贸易自由化的就业效应体现在企业通过自选择效应和资源配置效应，更具竞争力的企业产生总就业创造，从而不断扩张、开拓海外市场；竞争力较弱的企业则会产生就业损失，甚至退出市场。由于行业间技能密集度差异，如果高技能密集度行业的就业创造效应较低技能密集度行业更大，也就是对高技能工作岗位的需求更大，就会提高企业对高技能工人的需求量。已有对国内贸易自由化对就业的影响的研究也得到了相似的结论，毛其淋和许家云（2016）基于中间品贸易自由化的研究，得出中间品贸易自由化通过"提高就业创造"与"降低就业破坏"两个渠道显著促进了企业的就业净增长的结论。

表 4-13 列（4）至列（6）还报告了因变量对基本自变量和中介变量回归的结果，可以看到变量 *skillprem* 的估计系数显著为正，说明技能溢价上升可以明显提高个体的受教育年限。根据古典劳动市场理论，这主要是因为技能溢价上升提高了个体进行教育投资的预期报酬，增加学校教育变得更具吸引力，并且随着技能溢价上升，进行教育投资的临界能力也会下降，有利于个体劳动者进行教育投资。变量 *employ* 的估计系数也显著为正，表明高技能就业岗位增多对个体增加受教育年限具有正向的影响，即贸易自由化的净就业创造效应增加了对技能工人的相对需求，降低了个体进行教育投资的能力阈值，从而鼓励个体做出教育投资决策。此外，与列（1）基准的回归结果相比，在分别加入中介变量 *skillprem* （列（4））和 *employ* （列（5））之后，贸易自由化的变量地区关税 *tariff*$_{ct}$ 的估计系数值下降，这初步表明技能溢价和就业效应中介效应的存在，即是贸易自由化影响个体教育投资的两类渠道；进一步地，在同时加入中介变量 *employ* 和 *tariff*$_{ct}$（表 4-13 列（6））之后发现，地区关税 *tariff*$_{ct}$ 的估计系数值进一步下降了。综合而言，技能溢价上升和净就业效应增加了技能需求岗位是贸易自由化促进个体劳动者增加教育投资的两个可能渠道，即第二章的理论假说 1 和理论假说 2 得到了验证。平均而言，技能溢价每提高一个百分点，个体的受教育年限增加 0.009 年；净就业岗位每增加一个，则会使个体的受教育年限增加 0.021 年。

当然，为了进一步确认技能溢价和就业效应是否是贸易自由化影响个体劳动者教育投资的中介变量，我们有必要对此进行更严格的检验。首先，检验中介变量回归系数的显著性。列（2）至列（6）的回归结果表明，技能溢价和就业效应作为中介变量是显著的。此外，我们还进行了 Sobel 检验（Sobel，1987），得到统计量的相伴随概率均小于 0.01，通过检验。这就进一步验证了技能溢价提高和净就业效应增加技能需求岗位是贸易自由化增加个体劳动者教育投资的两个重要渠道。

本章小结

改革开放以来，中国政府在促进进出口、优化出口结构、缓解出口矛盾、调节产业结构等多重政策目的下设计制定关税政策，并且不断完善和改进关税政策。与此同时，中国教育改革也为响应经济发展需求而大步前进。同一时期，个体受教育年限与教育结构发生改变，这二者之间有着怎样的关系？而由于差异化的开放与改革政策以及地区自身的地理和历史原因，地区间的经济发展和开放水平都存在较大差异，特别是中国政府采用以点带面、先少数试验等成功后再铺开的发展策略对东、中、西部经济发展进行规划，导致了关税（贸易自由化）经济效应传导差异。对不同地区差异化的发展策略以及地区政府自身的经济发展规划，也导致地区间产业结构差异较大，对人才结构需求差异也很大，势必造成为满足这种需求而获得最高收益的个体差异化的教育选择。在这一过程中，个体劳动者自身的性别也会对教育决策产生重要影响。本章利用简单 OLS 回归、工具变量二阶段最小二乘法回归以及中介效应模型对上述问题进行验证，并逐一回应本书第二章理论推导得出的假说。归纳起来，本章的研究主要体现在以下几个方面：

第一，从全样本数据上验证了第二章的理论推导，即贸易自由化鼓励个体劳动者进行教育投资的结论。利用 CHIPs1999—2013 年的微观调查数据、WITS 数据库提供的关税数据和中国工业企业库提供的就业结构数据，发现地区关税（贸易自由化）与个体劳动者受教育年限的影响显著为正，表明地区关税越低，贸易自由化程度越高，个体劳动者的受教育年限越长。采用分样本回归，结果仍然支持个体劳动者受教育年限随贸易自由化进程而增加。在利用工具变量二阶段最小二乘法处理内生性问题后，这一结果依然表现得十分稳健，印证了我们结论的可靠性。

第二，分不同样本的分析得到以下结果：首先，东、中、西部地区贸易自由化都显著提高了个体劳动者的受教育年限，并且东部地区贸易自由化对个体劳动者受教育年限提高得最多；其次，三次产业中只有第二产业内贸易自由化对个体劳动者受教育年限的影响显著为正，而通过不同行业的就业数据发现，第二产业中个体在制造业就业的比重最大，于是我们还单独就制造业展开讨论，发现制造业的贸易自由化确实显著提高了个体劳动者的受教育年限，我们认为这跟近年来中国政府矢志不渝的进行产业结构调整、技术升级的政策有关；最后，贸易自由化对女性受教育年限的提升作用略高于男性，这与此前众多研究认为女性的教育回报高于男性的观点一致。

第三，为了从多方面检验结果的可靠性，我们分别改变了个体劳动者教育投资和地区关税的定义，用个体受教育程度代替受教育年限，以及用地区有效保护率代替地区关税，并进行稳健性分析。分析依然包括了全样本和分地区、产业结构以及性别的子样本，所有结果都表现得在统计上显著，且符号符合预期，再次验证了本章回归结果的可靠性。

第四，本书第二章的理论分析认为，贸易自由化通过技能溢价和就业效应两种途径影响个体进行教育投资的能力阈值，并最终改变个体劳动者的教育投资选择。为此，我们采用中介效应模型展开分析。首先，通过贸易自由化对就业的影响发现，贸易自由化的净就业效应表现为提高了高技能工作岗位，根据第二章的理论假说2，这会提高个体劳动者进行教育投资的预期报酬，降低个体劳动者进行教育投资的能力阈值，并最终鼓励个体选择增加学校教育；其次，分别通过行业技能溢价和城市就业两个中介变量进行分析，结果显示贸易自由化通过提高技能溢价和就业效应增加了个体劳动者的受教育年限，在经验层面验证了第二章的理论模型推导得到的理论假说1和理论假说2。

第五章 贸易自由化对人力资本结构及其分布的影响

我们在第四章已经从经验层面详细讨论了贸易自由化对个体教育投资的影响，并发现贸易自由化会通过提高技能溢价和增加技能工作岗位两个渠道增加个体劳动者的受教育年限，即增加教育投资。这一结果在解决内生性问题以及稳健性检验后都依然在统计上表现稳健，证明我们的结论是可靠的。这一结果是基于中国贸易自由化进程的讨论，反映中国地区贸易自由化逐步深化对劳动市场的影响。

作为加入 WTO 的承诺，中国在 2002 年初实施第二轮大幅度大范围的降税政策。因此，结合特殊的贸易时期和第四章得出的结论，我们进一步思考这样两个问题：第一，贸易自由化提高了个体受教育年限，那么中国加入 WTO 这一贸易事件对人力资本结构的影响如何？第二，中国加入 WTO 对用教育基尼系数测度的城市人力资本结构分布（教育不平等）有怎样的影响？本章将分别利用不同的计量工具和方法回答这两个问题，这也是为下一章分析贸易自由化与人力资本结构对比较优势的影响奠定基础。

第一节　贸易自由化对人力资本结构的影响：基于 DID 方法

本书在第三章内容里通过描述性统计，初步以图表的方式认识了以地区关税衡量的贸易自由化和以个体受教育年限衡量的个体教育投资之间的变化趋势，并在第四章通过计量工具检验了贸易自由化进程对个体教育投资的影响，继而通过中介效应模型解析这一影响的两种可能渠道。为了更为准确地识别贸易自由化对个体教育投资以及人力资本结构和人力资本结构分布的影响，在经验上验证理论推论 1，我们在这一节将中国在 2001 年底加入 WTO，并在 2002 年将关税迅速下调视为一次准自然实验，用双重差分法（difference-in-difference，DID）计量分析中国加入 WTO 对教育结构、人力资本结构分布的影响。换句话说，我们将对中国加入 WTO 后关税降低幅度较大的城市（处理组）与关税降低较小的城市（控制组）中的教育结构进行比较。

一、计量模型设定和平行趋势检验

（一）计量模型设定

我们已经在本书第三章的第一节详细讲述了中国贸易自由化进程，并在第二节以图形的形式直观地了解了中国关税政策的实施。中国自改革开放以来第一次大规模大幅度降税在 1992—1997 年期间，这是"入世"谈判的条件；第二次大范围大幅度降税发生在 2002—2006 年期间，其中又以 2002 年降税幅度最大，这是为了履行"入世"承诺。结合第四章第三节给出的图 4-6，我们发现关税变化与初始关税之间是强相关关系，不论中国加入 WTO 前的地区关税有何种差异，在加入 WTO 之后的关税都收敛到了同一低水平。为了准确识别地区贸易自由化对教育结构的影响，我们探讨了这样一个事实，即中国加入 WTO 后，以前地区关税较高的城市（2001 年高地区关税的城市），在世贸组织协定下会经历更大的关税削减，也就是有更高的贸易自由化程度；而未加入 WTO 前比较开放的城市（即 2001 年较低地区关税的城市），关税变化则比较小，因此贸易自由化程度较低。这些不同的地区贸易自由化程度和关税削减的时机（即 2002 年），允许我们使用双重差分法来估计中国加入 WTO 对教育结构的影响，即将 2001 年前地区关税较高的城市的教育结构变化（处理组），与同时期地区关税较低的城市的教育结构（控制组）变化进行比较。本书借鉴 Lu 和 Yu（2015）的研究，构建如下的双重差分模型：

$$y_{ct} = \alpha_i + \beta Tariff_{c2001} * Post_{02t} + \gamma X_{ct} + \lambda_t + \varepsilon_{ct} \qquad （5-1）$$

式中：c 和 t 分别为城市和年份；y_{ct} 为城市 c 总劳动人口中大专及以上学历人口的比重；$Tariff_{c2001}$ 为城市 c 在 2001 年的关税水平；$Post_{02t}$ 为时间虚拟变量，取值 1 代表 2002 年或之后年份，取值 0 则代表 2002 年之前的年份；α_i 为不随时变的城市固定效应，控制所有城市层面的冲击；X_{ct} 为城市层面的控制变量；ε_{ct} 为误差项。

为了处理潜在的内生性问题和序列相关问题，我们将标准误聚类在城市层面。城市 c 在 2001 年的关税（ $Tariff_{c2001}$ ）与年份虚拟变量（ $Post_{02t}$ ）的交互项（ $Tariff_{c2001} * Post_{02t}$ ）的系数是我们感兴趣的。通过第二章理论模型部分的理论假说 1 可知，贸易自由化通过提高技能溢价，降低个体劳动者教育投资的能力阈值，鼓励个体进行教育投资，同时第四章的经验分析也得到了检验。我们因此推断，贸易自由化会提高劳动人口中大专及以上学历劳动者的占比，促进人力资本结构的"高级化"[①]进程，这是提升我国贸易发展中的比较优势的一种体现。因此，我们预期交互项系数 β 的符号为正号。

（二）平行趋势检验

我们使用的双重差分模型（5-1）的识别假设条件如下：在模型中的一系列控制变量下，交互项（$Tariff_{c2001} * Post_{02t}$）与误差项 ε_{ct} 不相关，也就是说，需要满足

$$E[\varepsilon_{ct} | Tariff_{c2001} * Post_{02t}, \alpha_c, X_{ct}, \lambda_t] = E[\varepsilon_{ct} | \alpha_c, X_{ct}, \lambda_t] \qquad （5-2）$$

换句话说，如果在 2002 年不存在贸易自由化，实验组中的因变量（大专及以上学历在劳动人口中所占的比重）与控制组中的这一变量应该具有相同的趋势。此外，关税调整选择产品并不是随机挑选的，而是有目的地选择，因此分组的严格外生性无法保证。为此，我们利用 1999—2013 年的样本数据对平行趋势性假设进行了检验，如图 5-1 所示。从图 5-1 可以看到，在中国加入WTO 之前，也就是 2001 年之前，处理组和控制组有着十分相似的变动趋势。这种处理组和控制组之间的大专及以上学历人口占总劳动人口比重的平行预处理趋势，减轻了我们对处理组与控制组事前不匹配的担忧，有助于满足本书使用的双重差分法的识别假设。

[①]　刘智勇等（2018）这样定义人力资本结构高级化：一国或地区通过调整优化人力资本结构，促进各类型人力资本协调发展，使初级人力资本比重逐步下降，高级人力资本比重逐步增加，以不断满足经济社会发展对高素质人力资本需求的过程。本书借鉴"人力资本结构高级化"这一定义，主要考察贸易自由化对高级人力资本比重的影响，并认为高级人力资本比重上升即为"人力资本结构高级化"的表现。

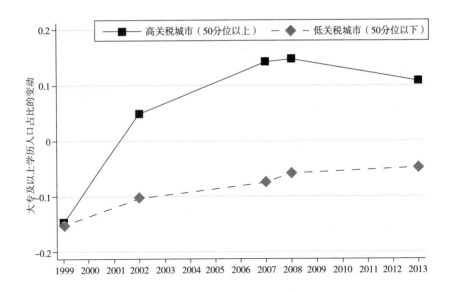

图 5-1　高关税样本和低关税样本的趋势分析一

（资料来源：根据 WITS 数据库、CHIPs 数据库和中国工业企业数据库计算得到）

二、计量结果分析

（一）基准回归结果分析

表 5-1 给出了地区关税变化（贸易自由化变化）对城市内劳动人口中大学及以上学历人口占比的影响的基准回归结果。表中列（1）是一个最简单的 DID 设定，仅仅包括了城市固定效应和年份固定效应。回归中，我们感兴趣的是交互项 $Tariff_{01}*Post_{02}$ 的系数，可以看到表中列（1）的交互项系数为正，且在 1% 的统计水平上显著。也就是说，在 2001 年关税较高的城市中大学及以上学历人口的比重比 2001 年关税较低的城市中大学及以上学历人口的比重在 2002 年之后上升得更多。这表明以地区关税衡量的贸易自由化提高了劳动人口中大学及以上学历劳动人口的比重，这与第四章的结论"贸易自由化增加了个体劳动者受教育年限，鼓励个体进行教育投资"保持一致，从另一个角度反映了本书研究结果的稳健性。结合刘智勇等（2018）对人力资本结构高级化的定义，我们认为贸易自由化有助于人力资本结构高级化的实现，从而助力地区经济增长。在表 5-1 的列（2）和列（3），我们加入了随时间变化的城市特征变量以及个体特征变量。可以看到，加入这些控制变量之后，交互项的系数依然是显著为正的。在 5% 的统计上显著，表明我们的结果是值得信赖的。本

书这一结果与 Zhao（2016）利用双重差分方法分析的结果一致，即在长期内，随着贸易自由化改革不断深化，敦促出口商完成技术升级，从而减少企业对非技能工人的需求，鼓励个体进行教育投资。

表5-1 基于DID方法的回归结果一

变 量	（1）	（2）	（3）
$Tariff_{01}*Post_{02}$	0.106**	0.133**	0.135**
	（0.043 9）	（0.052 9）	（0.052 6）
$\ln pop$	—	0.024 1*	0.024 2*
	—	（0.012 7）	（0.013 2）
$\ln fdi$	—	−0.011 8*	−0.013 2*
	—	（0.006 26）	（0.006 74）
$\ln pergdp$	—	0.051 7**	0.053 4**
	—	（0.020 4）	（0.020 5）
$\ln expenditure$	—	−0.005 58	−0.003 23
	—	（0.012 0）	（0.011 8）
$\ln age$	—	—	0.005 88
	—	—	（0.015 9）
$hukou$	—	—	−0.019 9
	—	—	（0.016 0）
$gender$	—	—	0.010 7
	—	—	（0.011 0）
年份固定效应	是	是	是
城市固定效应	是	是	是
观测值	559	193	193
R^2	0.989	0.215	0.226

注：表 5-1 是基于双重差分法的回归结果，所有标准误采用聚类标准误，并聚类到城市层面，*、**、*** 分别表示在 10%、5%、1% 上显著。

上述回归仅仅针对教育结构中的高技能劳动者，发现中国加入 WTO 后，关税削减更多的城市，也就是贸易自由化程度变化更大的城市对城市劳动人口中大学学历人口比重提高得更多，贸易自由化程度促进了人力资本结构的"高级化"。为了更全面、更准确地考察中国加入 WTO 引起的贸易自由化深化对教育结构以及人力资本结构"高级化"的影响，我们还分别考察了贸易自由化对劳动人口中高中以下、高中及以上、大学以下劳动人口比重的影响。表 5-2 给出了基于双重差分法的回归结果。[①]

表5-2 基于DID方法的回归结果二

A：高中以下劳动人口占比			
变 量	高中以下学历劳动人口占比		
	（1）	（2）	（3）
$Tariff_{01}*Post_{02}$	−0.426*	−0.525**	−0.519**
	（0.229）	（0.225）	（0.207）
城市控制变量	否	是	是
个体控制变量	否	否	是
年份固定效应	是	是	是
城市固定效应	是	是	是
观测值	559	193	191
R^2	0.910	0.586	0.590
B：高中及以上劳动人口占比			
变 量	高中及以上学历劳动人口占比		
	（1）	（2）	（3）
$Tariff_{01}*Post_{02}$	0.426*	0.533**	0.544**
	（0.229）	（0.225）	（0.220）
城市控制变量	否	是	是

----

① 这里略去了平衡趋势检验图。

续　表

变　量	高中及以上学历劳动人口占比		
	（1）	（2）	（3）
个体控制变量	否	否	是
年份固定效应	是	是	是
城市固定效应	是	是	是
观测值	559	193	192
R^2	0.910	0.584	0.588

C：大学以下劳动人口占比

变　量	大学以下学历劳动人口占比		
	（1）	（2）	（3）
$Tariff_{01}*Post_{02}$	−0.106**	−0.133**	−0.119**
	（0.043）	（0.052）	（0.047）
城市控制变量	否	是	是
个体控制变量	否	否	是
年份固定效应	是	是	是
城市固定效应	是	是	是
观测值	559	193	193
R^2	0.989	0.212	0.225

注：表5-2是基于双重差分法的回归结果，所有标准误采用聚类标准误，并聚类到城市层面，*、**、*** 分别表示在10%、5%、1%上显著。

表 5-2A 报告了贸易自由化对城市劳动人口中高中以下学历人口占比的影响。交互项的系数符号为负，且分别在 10% 和 5% 的统计水平上显著，说明贸易自由化降低了高中以下劳动人口占比。这一结果其实很好理解，改革开放提高了居民收入，且 9 年义务教育政策长期贯彻实施，基础教育完成度也在不断上升，这也可以从第三章的图 3-5 中看出，初中升学率长期以来保持在 80%

以上，高中升学率也随时间不断上升，且都保持在较高水平。

表 5-2B 报告了贸易自由化对城市高中及以上学历劳动人口占比的影响，交互项系数为正，且分别在 10% 和 5% 的统计水平上显著，说明在 2001 年关税较高的城市中高中及以上学历劳动人口的比重比 2001 年关税较低的城市中高中及以上学历人口的比重在 2002 年之后上升得更多。从这一角度而言，贸易自由化程度的变动幅度与城市高中及以上学历人口比重的变动一致。

表 5-3C 报告的是地区贸易自由化程度对大学以下学历劳动人口占比的影响。无论是否增加控制变量，交互项系数都显著为负，表明在 2002 年前后经历关税削减更多的地区，或者说经历更深程度贸易自由化的地区，大学以下学历劳动人口占比下降得更多。综合对大学及以上学历劳动人口的回归结果发现，中国加入 WTO 引致大规模大幅度关税下降，或者说贸易自由化程度的深化，一方面提高了城市劳动人口中大学及以上学历人口的比重；另一方面降低了高中以下学历人口的比重，促进了人力资本结构高级化，在经验上检验并支持了理论推论 1。

(二) 分组回归结果分析

本书第三章初步从统计性描述中窥见了东、中、西部地区贸易自由化程度差异，并在第四章从经验层面得到东部地区贸易自由化进程对个体劳动者受教育年限的提升作用最大的结论。这促使我们进一步思考这样的问题：尽管单纯从贸易自由化进程的角度而言，东部地区的贸易自由化进程要快于中部和西部地区，这既是政府改革开放政策层次性的体现，也与地区间自身的地理位置和经济发展历史有关，但中国加入 WTO 后，迅速而大规模和大幅度下调产品关税对教育结构的差异化影响如何？包括本书在内，已有文献多次表明女性的教育回报率高于男性，那么女性劳动人口的教育结构与男性劳动人口的教育结构受到贸易自由化的影响是否存在差异？由于不同行业的技能密集度不同，受到贸易自由化的影响也有所不同，继而对行业内教育结构的影响也不同。表 5-3 报告了回归结果。

表5-3　基于DID分样本的回归结果

A：分地区回归结果			
变　量	**大学及以上学历劳动人口比重**		
	东　部	中　部	西　部
$Tariff_{01} * Post_{02}$	2.609	0.995***	−0.248***
	（3.868）	（0.169）	（0.079）
城市控制变量	是	是	是
年份固定效应	是	是	是
城市固定效应	是	是	是
观测值	84	79	30
R^2	0.331	0.190	0.392
变　量	**大学以下劳动人口比重**		
	东　部	中　部	西　部
$Tariff_{01} * Post_{02}$	−2.075	−0.990***	0.248***
	（4.018）	（0.175）	（0.079）
城市控制变量	是	是	是
年份固定效应	是	是	是
城市固定效应	是	是	是
观测值	84	79	30
R^2	0.309	0.183	0.392
变　量	**高中及以上学历劳动人口比重**		
	东　部	中　部	西　部
$Tariff_{01} * Post_{02}$	3.855	0.650***	−0.673***
	（3.961）	（0.175）	（0.068）
城市控制变量	是	是	是
年份固定效应	是	是	是

续　表

变　量	高中及以上学历劳动人口比重		
	东　部	中　部	西　部
城市固定效应	是	是	是
观测值	84	79	30
R^2	0.638	0.629	0.760

变　量	高中以下学历劳动人口占比		
	东　部	中　部	西　部
$Tariff_{01}*Post_{02}$	−3.834	−0.636***	0.673***
	（3.929）	（0.167）	（0.068）
城市控制变量	是	是	是
年份固定效应	是	是	是
城市固定效应	是	是	是
观测值	84	79	30
R^2	0.637	0.626	0.760

B：分产业回归结果

变　量	大学及以上学历劳动人口比重		
	第一产业	第二产业	第三产业
$Tariff_{01}*Post_{02}$	−0.648***	0.161**	−0.171
	（0.143）	（0.061）	（0.223）
城市控制变量	是	是	是
年份固定效应	是	是	是
城市固定效应	是	是	是
观测值	120	189	192
R^2	0.226	0.229	0.117

续　表

变　量	大学以下学历劳动人口比重		
	第一产业	第二产业	第三产业
$Tariff_{01}*Post_{02}$	0.648***	−0.175***	0.170
	（0.143）	（0.0629）	（0.224）
城市控制变量	是	是	是
年份固定效应	是	是	是
城市固定效应	是	是	是
观测值	120	189	192
R^2	0.226	0.231	0.123

变　量	高中及以上学历劳动人口比重		
	第一产业	第二产业	第三产业
$Tariff_{01}*Post_{02}$	0.169	0.093	−0.618**
	（0.194）	（0.080）	（0.261）
城市控制变量	是	是	是
年份固定效应	是	是	是
城市固定效应	是	是	是
观测值	120	189	192
R^2	0.440	0.530	0.551

变　量	高中以下学历劳动人口比重		
	第一产业	第二产业	第三产业
$Tariff_{01}*Post_{02}$	−0.169	−0.102	0.616**
	（0.194）	（0.0818）	（0.261）
城市控制变量	是	是	是
年份固定效应	是	是	是
城市固定效应	是	是	是

变量	高中以下学历劳动人口比重		
	第一产业	第二产业	第三产业
观测值	120	189	192
R^2	0.440	0.534	0.553

C：分性别回归结果

变量	大学及以上学历劳动人口比重	
	男性	女性
$Tariff_{01}*Post_{02}$	0.249	0.259***
	（0.268）	（0.0348）
城市控制变量	是	是
年份固定效应	是	是
城市固定效应	是	是
观测值	25 677	27 321
R^2	0.213	0.409

变量	大学以下学历劳动人口比重	
	男性	女性
$Tariff_{01}*Post_{02}$	−0.249	−0.259***
	（0.268）	（0.0348）
城市控制变量	是	是
年份固定效应	是	是
城市固定效应	是	是
观测值	25 677	27 321
R^2	0.213	0.409

续　表

变量	高中及以上学历劳动人口比重	
	男性	女性
$Tariff_{01}*Post_{02}$	0.187	0.793***
	（0.216）	（0.0390）
城市控制变量	是	是
年份固定效应	是	是
城市固定效应	是	是
观测值	25 677	27 321
R^2	0.645	0.704

变量	高中以下学历劳动人口比重	
	男性	女性
$Tariff_{01}*Post_{02}$	−0.187	−0.793***
	（0.216）	（0.0390）
城市控制变量	是	是
年份固定效应	是	是
城市固定效应	是	是
观测值	25 677	27 321
R^2	0.645	0.704

注：表5-3是基于双重差分法的分样本回归结果，所有标准误采用聚类标准误，并聚类到城市层面，*、**、*** 分别表示在10%、5%、1%上显著。

表5-3A报告了分地区样本下不同地区内城市层面的贸易自由化变动对城市中不同受教育程度的群体的影响。可以看到中国加入WTO对中部和西部地区城市的教育结构影响较东部地区显著。首先，就中部地区而言，2001年关税较高的城市中大学及以上学历劳动人口的比重比2001年关税较低的城市中大学及以上学历人口的比重在2002年之后上升得更多。也就是说，经历更大幅度的关税削减的城市，大学及以上人口比重增加得也越多，中国加入WTO

引起的大幅度关税削减显著提升了中部地区的人力资本结构中高学历劳动者的占比。根据本书理论部分的分析，这可能是开放过程中产业结构调整、企业技术革新等，造就市场增加了对技能工人的需求，提高了劳动者增加教育投资的预期收益，此时接受更多的学校教育更具吸引力。其次，中国加入 WTO 引发的贸易自由化深化对东部地区的提升作用并不明显，这可能是因为东部地区作为国家开放政策的排头兵，最早接受改革开放政策的红利，开放程度在中国加入 WTO 之前就已经很高，因此中国加入 WTO 对东部地区城市的冲击并不是很大。最后，中国加入 WTO 引致的贸易自由化深化显著降低了西部地区城市中大学及以上学历劳动人口在总劳动人口中的比重，短期内不利于西部地区实现人力资本结构的高级化，结合本书第二章的理论分析，这可能是因为西部地区开放过程中更多地吸收低技能劳动力，降低了技能工人的技能溢价，提高了教育投资的机会成本，不利于个体做出教育投资的决策。综合而言，中国加入 WTO 引致的大幅度大规模关税下调，贸易自由化经历快速深化，对中部地区的人力资本结构高级化提升作用最显著，同时不利于西部地区实现人力资本结构升级，而对东部地区人力资本结构升级的促进作用并不显著。

表 5-3B 为我们报告了分产业样本下中国加入 WTO 的贸易自由化变动对人力资本结构的影响。平均而言，中国加入 WTO 带动的贸易自由化深化有利于实现第二产业内人力资本结构升级，对第一产业人力资本结构的影响并不显著，并抑制了第三产业的人力资本结构升级。初步来看，我们会被贸易自由化深化对第三产业人力资本结构的影响所困惑，但通过观察样本的统计性描述，如表 4-6，我们会发现样本中服务业更多集中在技能要求较低的行业，拉低了样本数据中第三产业的平均技能水平，因此会得出更大幅度的贸易自由化抑制了第三产业内人力资本结构升级的结论。

表 5-3C 报告了不同性别样本下中国加入 WTO 的贸易自由化变动对人力资本结构的影响。在前文的研究中，我们的研究支持了女性的教育报酬高于男性的结论，并发现贸易自由化同时增加了无论是男性还是女性的受教育年限，且对女性受教育年限提高得更多。通过 DID 来识别贸易自由化影响的结果显示，中国加入 WTO 带来的较大幅度的贸易自由化变动显著优化了劳动人口中女性的人力资本结构，尽管这种较大幅度的贸易自由化变动从符号上看也优化了男性劳动者的教育结构，但在统计上并不显著。

第二节　稳健性检验及结果分析

一、稳健性检验设计

尽管采用双重差分法很大程度上避免了计量模型中内生性问题的困扰，但就本书的研究主题而言，仅利用最终产品关税构建地区贸易自由化指标仍让我们感到担忧。本书试图以教育和人力资本结构的角度考察中国贸易自由化对劳动市场的经济效应，并最终将这一影响与比较优势联系，考察其对比较优势构建的影响及政策含义。但在研究的第一部分，即贸易自由化对个体教育投资的影响中，本书的理论分析强调了贸易自由化影响个体教育投资的两种渠道，即技能溢价与就业，而进口中间品贸易自由化对就业的影响不容忽视，已有众多文献已经对此展开了丰富的研究（Groizard et al., 2015; 毛其淋、许家云，2016）。因此，我们将利用包括中间投入品关税在内的关税有效保护率，来代替仅考虑最终品关税的地区贸易自由化指标，进一步做出稳健性检验。

此外，从第一节的计量分析结果可知，中国加入 WTO 引致的贸易自由化深化在平均水平上提高了中等教育及以上学历劳动人口的比重，有助于人力资本高级化。这一结果也意味着中国加入 WTO 带来的贸易自由化大幅深化势必鼓励个体进行中高级教育投资。根据我国入学年龄要求（小学入学年龄为 6 岁）和各阶段教育学制安排，16 ～ 18 周岁对应高中阶段教育，19 ～ 22 周岁对应大学阶段教育，考虑到现实中可能存在的重读现象，我们参考 Atkin（2016）和张川川（2015）的做法，尝试将年龄范围往前以及往后调整一岁，即考察对象是 15 ～ 23 周岁的劳动人口，以此作为第二个稳健性检验。如果贸易自由化增加了这类人群的受教育年限，就将支持我们在第一节得到的结论。

二、估计结果分析

（一）改变地区贸易自由化的定义

表 5-4 报告了改变地区贸易自由化定义后利用地区关税有效保护率来衡量贸易自由化的双重差分回归结果。从结果可以看到，2001 年之前，地区关税有效保护率较高的城市，也就是贸易自由化程度较浅的城市。自中国加入WTO 带来大范围、大幅度关税削减后，经历了更深程度的贸易自由化，大学

及以上劳动人口比重上升得更多，同时高中以下低学历劳动人口比重下降得更多。平均而言，贸易自由化促进了人力资本结构高级化。

控制变量方面，可以看到城市吸引外资并没有体现出技术溢价，对提升人力资本结构没有表现出积极影响。与此同时，城市人均GDP显著提高了大学及以上劳动人口比重以及高中以上劳动人口比重，并降低了大学以下和高中以下劳动人口的比重，显著促进了人力资本结构高级化。

表5-4　基于地区关税有效保护率的回归

变　量	大学及以上劳动人口的比重	大学以下劳动人口的比重	高中以上劳动人口的比重	高中以下劳动人口的比重
$Tariff_{01}*post_{02}$	0.027**	−0.011*	0.053**	−0.051***
	（0.013）	（0.006）	（0.023）	（0.002）
$\ln pop$	0.036	−0.036	0.035	−0.030
	（0.022）	（0.023）	（0.025）	（0.025）
$\ln fdi$	−0.016*	0.015	−0.019**	0.018**
	（0.009）	（0.009）	（0.008）	（0.008）
$\ln pergdp$	0.059**	−0.058	0.072**	−0.071**
	（0.029）	（0.029）	（0.028）	（0.027）
$\ln expenditure$	−0.001	−0.000	0.004	−0.005
	（0.022）	（0.022）	（0.022）	（0.022）
城市固定效应	是	是	是	是
年份固定效应	是	是	是	是
观测值	192	192	192	192
R^2	0.139	0.143	0.591	0.588

注：表5-4是基于双重差分法改变地区贸易自由化定义后的回归结果，所有标准误采用聚类标准误，并聚类到城市层面，*、**、*** 分别表示在10%、5%、1%上显著。

（二）分不同年龄段的回归结果分析

表5-5是考察两类不同年龄段个体的回归结果，此时模型（5-1）将聚焦

到个体层面。表 5-5 分别报告了 15 ～ 19 周岁和 18 ～ 23 岁这两个群体的回归结果。这样分类的原因如下：16 ～ 18 周岁面临高中阶段学历，经历了初中升高中的教育投资决策，而将年龄往前和往后各调整一岁，是为了减少选择误差；同样 19 ～ 22 岁面临大学阶段教育（大专为 19 ～ 21 岁），应将年龄往前和往后调整一岁。根据受教育程度划分人力资本结构时，高中学历属于中等教育水平，而大学学历则属于高等教育水平，如果贸易自由化显著提高了两类群体内个体受教育年限，则认为贸易自由化会促进人力资本结构的高级化。

表5-5　基于不同年龄段的回归

变　量	15 ～ 19 岁	18 ～ 23 岁	15 ～ 23 岁
$Tariff_{01}*Post_{02}$	0.059*	0.010**	0.042*
	（0.031）	（0.005）	（0.024）
lnpop	0.022***	0.018*	0.024***
	（0.008）	（0.00970）	（0.008）
lnfdi	−0.004	−0.000	−0.002
	（0.003）	（0.004）	（0.003）
ln$pergdp$	0.023**	0.026**	0.026***
	（0.009）	（0.010）	（0.008）
ln$expenditure$	−0.007	−0.000	−0.004
	（0.006）	（0.006）	（0.006）
$hukou$	−0.037***	−0.065***	−0.052***
	（0.011）	（0.0120）	（0.009）
lnage	1.327***	0.465***	0.874***
	（0.036）	（0.039）	（0.018）
$gender$	0.005	0.023***	0.016***
	（0.005）	（0.006）	（0.004）
年份固定效应	是	是	是
观测值	3 165	4 160	6 037
R^2	0.340	0.098	0.320

注：表 5-5 是基于双重差分法区分不同年龄段的回归结果，因变量受教育年限取对数形式，所有标准误采用聚类标准误，并聚类到个体层面，*、**、*** 分别表示在 10%、5%、1% 上显著。

由表 5-5 可知，无论是基于两类群体的总体样本回归，还是对两类群体单独回归，贸易自由化的变动对个体劳动者的受教育年限变动都表现出正向影响。具体而言，在 2001 年关税较高的城市中，15 ～ 19 岁个体的受教育年限比 2001 年关税较低的城市中该年龄段个体的受教育年限增加的幅度高 5.9%；18 ～ 23 岁个体的受教育年限比 2001 年关税较低的城市中该年龄段个体的受教育年限增加的幅度高 1%；平均意义上则高 4.2%。这一结论间接反映了贸易自由化对人力资本结构高级化的积极影响。

第三节　拓展分析：地区贸易自由化与人力资本结构分布

上一节基于双重差分的计量方法，利用中国加入 WTO 这一准自然实验，识别了贸易自由化对人力资本结构的影响，但并没有关注贸易自由化对人力资本结构分布（教育不平等）的影响。现在我们从人力资本结构分布的角度出发，利用 DID 识别贸易自由化对人力资本结构分布的影响，以期更全面地认识贸易自由化对劳动市场个体的教育投资影响，进而为本书从个体教育出发，通过人力资本结构、人力资本结构分布等展开贸易对比较优势的影响的研究打下基础。

一、计量模型设定和平衡趋势检验

（一）计量模型设定

本书第三章的图 3-12 初步向我们展示了地区关税（贸易自由化）与人力资本结构分布（教育基尼系数）之间的正相关（负相关）关系。借鉴本章第一节双重差分模型的设立，现将考察贸易自由化对人力资本结构分布的计量模型设立如下：

$$y_{ct} = \alpha_i + \beta Tariff_{c2001} * Post_{02t} + \gamma X_{ct} + \lambda_t + \varepsilon_{ct} \tag{5-3}$$

式中，y_{ct} 为城市 c 在 t 年的人力资本结构分布（教育基尼系数），其他变量含义与模型（5-1）相同。

城市 c 在 2001 年的关税（ $Tariff_{c2001}$ ）与年份虚拟变量（ $Post_{02t}$ ）的交互项（ $Tariff_{c2001} * Post_{02t}$ ）的系数依然是我们最感兴趣的。鉴于图 3-12 已经初步反映贸易自由化和人力资本结构分布的关系，我们预期交互项系数 β 的符号为负号。

（二）平衡趋势检验

为了保证模型（5-3）可以有效识别贸易自由化对人力资本结构分布的影响，模型（5-3）也需要满足识别条件（5-2），通过平衡趋势检验，即要保证中国加入 WTO 之前，处理组和控制组的人力资本结构分布的趋势基本一致，以减轻处理组与控制组可能存在的事前不匹配现象。图 5-2 给出了平衡趋势检验结果。如图 5-2 所示，2001 年之前，处理组和控制组的人力资本结构分布有着非常相似的时间变动趋势，在中国加入 WTO 后开始出现差异，这意味着我们的处理组与控制组在很大程度上具有可比性，缓解了我们之前关于两组数据的事前匹配担忧，有助于满足本书使用双重差分法的识别假设。

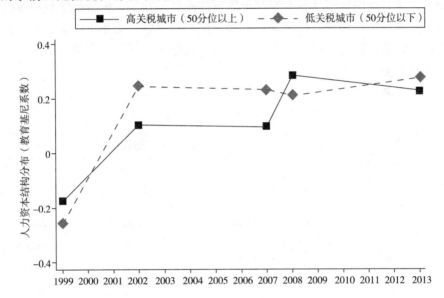

图 5-2　高关税样本和低关税样本的趋势分析二

（资料来源：根据 WITS 数据库、CHIPs 数据库和中国工业企业数据库计算得到）

观察图 5-2 中处理组和对照组在 2002 年之后的人力资本结构分布的变动趋势发现，二者有多差异，并且处理组的人力资本结构分布初步表现出波动下降的趋势，控制组的人力资本结构分布在同时期的变动幅度较小。

二、计量结果分析

（一）基准回归结果分析

表 5-6 报告了模型（5-3）的回归结果。表中列（1）不包括任何控制变

量，仅有城市固定效应和年份固定效应，交互项 $Tariff_{01}*Post_{02}$ 的系数显著为负。这说明，2001 年关税较高的城市的人力资本结构分布不平等比 2001 年关税较低的城市在 2002 年之后下降得更多。中国加入 WTO 后大规模大幅度降税，所有产品关税都将下降到较为统一的低水平，这就表明在 2001 年及以前年份关税较高的城市会有更大程度的关税削减，意味着经历了更深程度的贸易自由化。也就是说，贸易自由化变动越大，或者说贸易自由化深化的幅度越大，城市教育基尼系数越小，城市人力资本结构分布越均等化。教育基尼系数越小，意味着个体平均受教育年限越多（Thomas，2000），因此，这一结果还支持了本书在第四章对个体教育投资的研究。表 5-6 的列（2）和列（3）分别加入了随时变的城市特征变量和个体特征变量，其中个体特征变量用城市层面的均值衡量。从报告的结果来看，加入控制变量后，交互项的系数依然是显著为负，贸易自由化改善了城市人力资本结构分布的不平等现象，使人力资本结构分布更加均化。

表5-6 基于DID方法的回归结果三

变　量	人力资本结构分布		
	（1）	（2）	（3）
$Tariff_{01}*Post_{02}$	−0.136**	−0.166*	−0.096*
	（0.064）	（0.100）	（0.053）
lnpop	—	−0.007	−0.006
	—	（0.040）	（0.042）
ln$pergdp$	—	−0.001	−0.004
	—	（0.040）	（0.042）
ln$expenditure$	—	−0.015	−0.014
	—	（0.032）	（0.036）
lnage	—	—	0.054
	—	—	（0.049）
$hukou$	—	—	0.003
	—	—	（0.035）
$gender$	—	—	0.048
	—	—	（0.034）

续　表

变　量	人力资本结构分布		
	（1）	（2）	（3）
城市固定效应	是	是	是
年份固定效应	是	是	是
观测值	207	200	198
R^2	0.055	0.055	0.069

注：表5-6是基于双重差分法的回归结果，所有标准误采用聚类标准误，并聚类到城市层面，*、**、***分别表示在10%、5%、1%上显著。

（二）分地区回归结果分析

已有文献多次阐明了东、中、西部地区教育回报率差异（邢春冰等，2013），而本书已有的研究表明，贸易自由化增加了东、中、西部地区个体劳动者的受教育年限，但仅对中部地区人力资本结构高级化的影响在统计上是显著的，对东部地区人力资本结构高级化的正向效应在统计上不显著，且不利于西部地区的人力资本结构高级化。接下来，我们利用双重差分法来识别贸易自由化变动对不同地区人力资本结构分布的影响，表5-7报告了回归结果。从回归结果可以看到：首先，就东部地区而言，受中国加入WTO的影响，关税下降更多的城市比关税下降较小的城市的人力资本结构分布更均等化，或者说贸易自由化程度更深的城市的人力资本结构分布更公平；其次，就中部地区而言，尽管贸易自由化促进了城市人力资本结构高级化，但2001年前后贸易自由化变动更大的城市的教育基尼系数也越大，人力资本结构分布越不平等；最后，就西部地区而言，中国加入WTO引发的贸易自由化大幅深化对西部地区城市的人力资本结构分布的影响在统计上并不显著。

表5-7　分地区样本的回归结果

变　量	东　部	中　部	西　部
$Tariff_{01}*Post_{02}$	−0.057**	1.535***	−0.099
	（0.024）	（0.32）	（0.155）
$\ln pop$	−0.052	0.001	−0.033
	（0.072）	（0.094）	（0.101）

续 表

变　量	东　部	中　部	西　部
ln*pergdp*	−0.012	−0.066	0.0181
	（0.086）	（0.071）	（0.079）
ln*expenditure*	−0.006	0.010	−0.022
	（0.067）	（0.075）	（0.090）
ln*age*	−0.056	−0.033	0.117
	（0.074）	（0.080）	（0.112）
hukou	−0.109***	0.022	0.114
	（0.040）	（0.032）	（0.148）
gender	0.031	0.006	−0.145
	（0.066）	（0.061）	（0.158）
城市固定效应	是	是	是
年份固定效应	是	是	是
观测值	81	81	37
R^2	0.152	0.071	0.172

注：表 5-7 是基于双重差分法的分地区样本的回归结果，所有标准误采用聚类标准误，并聚类到城市层面，*、**、*** 分别表示在 10%、5%、1% 上显著。

本章小结

贸易自由化进程对劳动市场的影响，不仅受到宏观经济研究领域的广泛关注，亦受到国际贸易领域研究的广泛关注（Autor，2013；2016），其中包括了贸易发展对个体教育投资的影响（Atkin，2016；Li，2018）。人力资本一直以来被认为是比较优势的一种来源，而学校教育作为人力资本积累最重要的途径之一，也是比较优势的一种重要来源（黄玖立等，2104）。因此，在教育投资基础上考察贸易自由化对人力资本结构及其分布的影响，可以为评价关税政策提供一个崭新的视角。本章利用中国加入 WTO 后关税的迅速下调作为一次准自然实验，采用双重差分计量方法，并继续使用 CHIPs 微观调查数据、WITS 数据库和中国工业企业库的数据，经验考察了贸易自由化变动与人力资本结构及其分布之间的关系。具体而言，本章的主要研究内容和研究结论包括以下几个方面：

第一，平均而言，贸易自由化变动越大，对城市劳动人口中大学及以上学历和高中及以上学历劳动人口的占比提升得越多，同时对大学以下和高中以下学历劳动人口的占比的减少作用也越大。也就是说，贸易自由化的深化显著促进了人力资本结构高级化，理论推论 1 得到论证。

第二，稳健性检验支持了总体意义上的回归结果。改变地区贸易自由化定义后，中国加入 WTO 引起的贸易自由化变动依然显著提高了大学及以上学历和高中及以上学历劳动人口在城市总劳动人口中的比重，对人力资本结构高级化起到了推动作用。同时，对处于高中以及大学阶段的劳动个体的研究显示，中国加入 WTO 引起的贸易自由化变动显著提高了这两类群体的受教育年限，鼓励劳动人口接受中等以及高等教育水平，有利于促进人力资本结构高级化。

第三，教育基尼系数以不同受教育程度综合衡量了人力资本结构，反映了人力资本结构的分布是否公平。本章的拓展分析表明，中国加入 WTO 后引起的关税迅速而大幅下降，也就是贸易自由化较大程度的深化，首先在总体上降低了地区人力资本结构分布不平等；其次人力资本结构分布受到贸易自由化影响有着明显的地区差异性，贸易自由化较大幅度深化显著降低了东部地区的人力资本结构分布不平等现象，同时增加了中部地区人力资本结构不平等现象，但对西部地区人力资本结构分布的影响在统计上不显著。

第六章 贸易自由化与人力资本结构对比较优势的影响

目前，中国如何在坚持扩大开放的进程中构建并利用自身比较优势应对世界贸易摩擦对中国贸易乃至经济发展的影响，仍是学者们较为关注的重要问题。随着中国人口红利传统比较优势日渐消失，构建人才红利比较优势的重要意义日益凸显。构建和发挥人才红利比较优势实现的基础是人才，人才培养最基础的路径是"学校教育"，通过学校教育完成人力资本结构调整对实现比较优势来源从传统低素质劳动向高质量劳动转变并最终发挥人才红利至关重要。

本书第二章第四节的理论分析得到的理论假说 3 表明，贸易成本下降，贸易自由化程度加深，推动生产阶段向上游移动，所需的技能劳动份额也越大。由于技能劳动用高等教育学历劳动表示，生产阶段向上游移动会带动个体教育投资，提高总成本中技能劳动比重，最终完成比较优势来源从低素质劳动向高质量劳动的转变。

为了在经验上实现对理论假说 3 的论证，我们采用基于全球价值链分工理论下计算的显示性比较优势（revealed comparative advantage，RCA）来度量比较优势，利用人力资本结构与地区贸易自由化的交互项，考察贸易自由化进程中人力资本结构变化对显示性比较优势的影响，并且人力资本结构用相应的技能工人比重来表示。如果技能结构中高技能劳动者比重对显示性比较优势有显著的正向影响，同时低技能劳动者比重对显示性比较优势有显著的负向影响，则可以表明在贸易自由化进程中，技能升级将促进比较优势来源转变，从而可以证明人力资本结构高级化将促进比较优势来源从低素质劳动者向高质量劳动者的转变。

事实上，已有研究已经多次证明人才在提升国际分工地位中的重要作用（杨高举，2013；张幼文，2015），继而成为比较优势的重要来源（张幼文，2015）。当然，这其中也不乏将教育报酬纳入贸易自由化、比较优势关系，对三者构建理论模型的研究，Li（2018）同时从理论和经验上证明，由于中国大多数地区的初始比较优势集中在低技能密集的行业，中国过去几十年的出口贸易自由化降低了中国大多数地区的教育报酬。本章的研究势必与此类研究形成有益互补。

第一节　计量模型、变量与数据

一、计量模型的设定

理论假说 3 描述的是全球分工理论框架下贸易自由化对比较优势的影响，并且这种影响表现在比较优势来源从低素质劳动比重向高质量劳动比重的转变。我们将利用 SEA 数据库提供的不同行业技能水平的劳动者占行业总劳动的比重来衡量，由于技能劳动分类标准是依据劳动者的受教育水平，我们也可以理解为不同层次受教育水平劳动者比重。具体的计量模型设计如下：

$$RCA_{it} = \beta_0 + \beta_1 tariff_{it} + \beta_2 tariff_{it} * Edustr_{it} + \beta_3 Edustr_{it} + \beta_4 X_i + \varepsilon_{ic} \quad (6\text{-}1)$$

其中，计量模型（6-1）左边是行业层面的显示性比较优势，模型右边 $tariff_{it}$ 表示的是行业层面的贸易自由化，而 $Edustr_{it}$ 则表示不同技能劳动比重，也可以反映不同的受教育结构，X_i 是行业层面的控制变量，ε_{ic} 是残差项。

二、变量选取和数据说明

（一）行业层面的显示性比较优势（RCA_{it}）

行业层面的显示性比较优势是利用 WIOD 提供的世界投入产出表计算得到。该数据库提供了 1995—2009 年 41 个经济体（包括欧盟 27 个国家、世界 13 个主要经济体以及世界其他国家）和 35 个行业的世界投入产出表。该数据库行业分类与中国行业分类不一致，前者采用 ISIC Rev3.0 的行业分类标准，后者采用 GB/T 4754—2017《国民经济行业分类》的行业分类标准 GB/T 4754。具体显示性比较优势的测度方法则参照王直等（2015）的研究，测算公式我们在本书第一章已经做过介绍，这里不再赘述。

（二）行业贸易自由化水平（$tariff_{it}$）

行业层面的贸易自由化水平是由行业层面的关税度量的，关税数据来自 WITS 数据库。我们根据 HS 产品分类标准与 GB 行业分类的对照表，将产品层面的关税换算到 2 位数行业层面，得到行业层面的贸易自由化水平。

（三）行业技能劳动比重（ $edustr_{it}$ ）

行业内不同技能劳动比重由 WIOD 中 SEA 数据库提供。① 具体而言，SEA 数据库提供了行业层面劳动者的就业和工资信息，就业方面提供了行业层面总的就业人数、工作时间，以及行业内不同技能劳动工作时间在总工作时间中的占比。SEA 数据库对劳动的分类依照教育水平进行，不同技能劳动对应相应的教育水平，高技能对应高等教育水平，中等技能对应中等教育水平，低技能对应初级教育水平，因此我们这里用不同技能劳动占比来表征教育结构。此外，由于不同技能劳动所面对的法定工作时长是相同的，我们可以利用不同技能劳动工作时长的比例来度量不同技能工人在行业总就业中的比重。SEA 数据库的行业划分包括了中国农业、工业和服务业共 33 个细分行业。

（四）行业层面的控制变量（ X_i ）

行业层面的控制变量还包括以下变量：①资本密集度（ $capital$ ），用行业层面的固定资本存量和行业年平均就业人数的比值来表示，其中行业层面的固定资本存量以 1995 年固定资产投资价格衡量；②劳动生产率（ lp ），采用行业增加值与就业人员之比来衡量生产率，行业增加值为剔除了通胀之后的真实增加值；③中间品投入（ iv ），采用中间品投入与各行业增加值的比值来表示，数据均来源于世界投入产出数据库。在回归中，这三个控制变量都取各自对应的对数值。

需要说明的是，行业对照后，最终包括了初级产品行业、资源产品行业、制造业和服务业共 30 个行业，其中制造业共 12 个，服务业共 16 个。在本书的经验分析中剔除了初级产品行业和资源产品行业。借鉴樊茂清和黄薇（2014）的产业分类方法，我们进一步对制造业和服务业进行分类。其中，劳动密集型制造业分别包括纺织品、服装、皮革和相关产品制造业，木材、木材制品和软木制品以及草编制品业、橡胶和塑料制品业；资本密集型制造业分别包括食品、饮料和烟草制造业，纸及纸制品制造业，焦炭和精炼石油产品制造业，非金属矿物制品业，基本金属的制造、碱金属制品业；知识密集型制造业分别包括化学原料及化学制品、药品和药用化学品制造业，计算机、电子和光

---

① SEA 数据库提供了 2013 年和 2016 年两个版本，数据年份分别是 1995—2009 年和 2000—2014 年，并且 2013 年的版本区分了行业内不同技能工人的相关信息，但是 2016 年的版本并没有提供这些区分技能劳动的信息。我们在这一章节重点考察教育结构（技能结构）的影响，因此选择了 2013 年的数据。

学产品制造业，机械和设备制造业，运输设备制造业。劳动密集型服务业分别包括机动车和摩托车的销售及维修，批发贸易和佣金贸易（机动车和摩托车除外），零售业（机动车和摩托车除外），运输仓储和辅助活动，食宿服务活动；资本密集型服务业分别包括电、汽、水的供应业，陆路运输和管道运输业，水路运输业，航空运输业，邮电通信业和房地产业；知识密集型服务业包括金融业。其他产业还包括教育和公共服务业，由于这些产业没有关税数据，在经验分析中也不包括这些产业。

第二节　估计结果及分析

一、基准回归结果分析

初步在行业层面考察贸易自由化、人力资本结构影响比较优势时，并没有区分行业的技能需求。有研究指出，劳动者技能匹配行业技能需求时，更容易发挥行业的比较优势（邵文波，2015）。因此，在回归中，我们还将行业分为知识密集型行业、资本密集型行业和劳动密集型行业，并认为知识密集型行业和资本密集型行业对受高等教育的劳动者需求更大。由于我们主要考察贸易自由化进程中人力资本结构对行业比较优势的影响，这里主要关注交互项的符号。

（一）基准回归一

表6-1报告了在不区分行业性质时的回归结果。列（1）和列（2）是基于受高等教育劳动者比重的回归结果；列（3）和列（4）是基于受中等教育劳动者比重的回归结果；列（5）和列（6）是基于受基础教育劳动者比重的回归结果。首先看列（1）和列（2）的回归结果，其中列（2）是控制了年份固定效应后的结果，行业内受高等教育劳动者比重增加会显著提高行业的显性比较优势，虽然贸易自由化弱化了高等教育劳动者对行业显性比较优势的正向影响，但在低关税行业（贸易自由化程度更大的行业）上受高等教育劳动者比重增加对行业显性比较优势的正向影响比高关税行业（贸易自由化程度更小的行业）更大。联系本书第二章的理论分析，可以认为行业内受高等教育劳动者的比重上升，能够匹配贸易自由化进程中行业内企业在全球分工中向上游移动的技能提高需求，二者更高的匹配度更大程度上提升了行业比较优势发挥。此外，研

发创新是行业比较优势形成的重要原因，而行业内受高等教育劳动者比重上升为行业内企业研发创新提供了人才储备，这也会一定程度上助力行业比较优势发挥。再观察列（4）和列（6），受中等教育劳动者比重增加会降低行业显性比较优势。让我们感到意外的是，受初等教育劳动者比重增加会提高行业显性比较优势，这可能与现阶段中国产业结构分布有关，即依然以劳动密集型产业为主。进一步结合交互项的系数分析，低关税行业的受初等教育劳动者比重增加对行业显性比较优势的正向影响较高关税行业更大。此外，不论是受中等教育劳动者占比的回归还是初级受教育水平劳动者占比的回归，行业关税与行业人力资本结构交互项对行业比较优势的影响都在统计上不显著，无法判断二者对行业比较优势的协同影响。这种令人感到意外的结果很可能与行业性质有关，因此我们将进一步区分行业性质，考察行业技能需求与个体劳动者技能匹配时对行业显性比较优势是否有差异化影响。

控制变量方面可以看到，尽管基于高等教育学历占比的回归中，资本劳动比对行业显性比较优势的正向影响不显著，但在中等教育和初级教育占比回归中，其都显著提高了行业显性比较优势。行业劳动生产率和行业中间品投入则在控制年份固定效应后，都表现了对行业显性比较优势的显著正向影响。

表6-1　基准回归一：不区分行业性质

变　量	（1）	（2）	（3）	（4）	（5）	（6）
	RCA	RCA	RCA	RCA	RCA	RCA
edustr_h	5.201***	5.438***	—	—	—	—
	（0.663）	（0.653）	—	—	—	—
*tariff*edustr_h*	−81.90***	−78.23***	—	—	—	—
	（8.769）	（8.763）	—	—	—	—
edustr_m	—	—	−0.883***	−1.096***	—	—
	—	—	（0.220）	（0.236）	—	—
*tariff*edustr_m*	—	—	−18.01***	−7.634	—	—
	—	—	（5.943）	（6.596）	—	—
edustr_l	—	—	—	—	0.345	0.425*
	—	—	—	—	（0.218）	（0.233）

续　表

变　量	（1）	（2）	（3）	（4）	（5）	（6）
	RCA	RCA	RCA	RCA	RCA	RCA
tariff*edustr_l	—	—	—	—	−19.68***	−11.83
	—	—	—	—	（7.178）	（8.075）
tariff	−2.537***	−2.279***	−0.692***	0.161	0.698***	0.302
	（0.277）	（0.292）	（0.195）	（0.243）	（0.225）	（0.283）
ln*kl*	−0.008	0.044	0.080**	0.143***	0.069*	0.124***
	（0.033）	（0.034）	（0.034）	（0.036）	（0.035）	（0.038）
ln*lp*	0.088**	0.171***	0.070	0.143***	0.129***	0.204***
	（0.039）	（0.043）	（0.046）	（0.049）	（0.045）	（0.049）
ln*iv*	0.104***	0.135***	0.115***	0.152***	0.113***	0.145***
	（0.014）	（0.015）	（0.014）	（0.016）	（0.015）	（0.017）
年份固定效应	否	是	否	是	否	是
观测值	400	400	400	400	400	400
R^2	0.520	0.549	0.466	0.495	0.448	0.472

注：回归结果中控制变量都分别取各自的对数值，*、**、***分别表示在10%、5%、1%上显著。

（二）基准回归二

基准回归一没有考虑行业内劳动者技能与行业技能需求匹配的情况，由于劳动者技能是根据劳动者自身受教育程度划分，我们也可以将不同劳动者技能与行业技能需求匹配理解成行业内人力资本结构与行业技能需求匹配。本书对行业技能需求的分类依据行业类型进行，资本或知识密集型行业被认为对技能的需求高于劳动密集型行业。我们由此预测，在资本或知识密集型行业，受高等教育劳动者比重增加会显著提升行业的显性比较优势，而受初级教育劳动者比重增加会显著降低行业的显性比较优势。表6-2报告了区分行业性质的回归结果。

表6-2　基准回归二：区分行业性质

变量	资本或知识密集型行业			劳动密集型行业		
	高等教育劳动者比重	中等教育劳动者比重	初级教育劳动者比重	高等教育劳动者比重	中等教育劳动者比重	初级教育劳动者比重
edustr_h	0.171**	—	—	−3.492	—	—
	（0.084）	—	—	（4.601）	—	—
tariff*edu_h	6.280***	—	—	−394.0***	—	—
	（2.361）	—	—	（53.82）	—	—
educastr_m	—	−1.962***	—	—	−0.492	—
	—	（0.365）	—	—	（1.178）	—
tariff*edu_m	—	45.45***	—	—	−408.3***	—
	—	（8.701）	—	—	（59.61）	—
educastr_l	—	—	−1.312***	—	—	0.578**
	—	—	（0.308）	—	—	（0.273）
tariff*edu_l	—	—	45.70***	—	—	−397.9***
	—	—	（10.34）	—	—	（60.61）
tariff	−0.092	−1.496***	−1.458***	5.392***	5.301***	5.232***
	（0.337）	（0.32）	（0.369）	（0.373）	（0.692）	（0.630）
ln*kl*	0.042	0.098**	0.091**	−0.028	−0.024	−0.025
	（0.041）	（0.039）	（0.041）	（0.029）	（0.029）	（0.029）
ln*lp*	−0.033	−0.017	−0.015	0.649***	0.706***	0.692***
	（0.057）	（0.053）	（0.054）	（0.151）	（0.125）	（0.129）
ln*iv*	0.062*	0.002	0.008	1.159***	1.277***	1.275***
	（0.031）	（0.030）	（0.032）	（0.177）	（0.206）	（0.182）
年份固定效应	是	是	是	是	是	是
观测值	230	230	230	60	60	60
R^2	0.059	0.171	0.133	0.989	0.989	0.989

注：回归结果中控制变量都分别取各自的对数值，被解释变量是行业比较优势，*、**、***分别表示在10%、5%、1%上显著。

首先考察表 6-2 列（1）至列（3），其报告了在资本或知识密集型行业不同受教育程度劳动者比重变化在贸易自由化进程中对行业比较优势的影响。从列（1）的结果可以看到，受高等教育劳动者占比以及行业关税与受高等教育劳动者占比交互项的系数都显著为正，并且行业关税的系数符号为负。根据这些系数符号我们可以得到这样三个结论：第一，行业进口贸易自由化进程会提高资本密集型和知识密集型行业的比较优势，这可能是由于进口竞争激励了行业内企业不断研发创新，以提升自己的竞争能力；第二，资本密集型和知识密集型行业中受高等教育劳动者比重增加显著提升了行业的显性比较优势，根据第二章的理论分析，这可能是受高能教育劳动者比重增加满足了行业在全球分工中向上游移动过程中的技能需求；第三，根据交互项系数符号和受高等教育劳动者比重的系数符号判断，贸易自由化强化了知识密集型和资本密集型行业内受高等教育劳动者比重增加对行业显性比较优势的正向影响。

其次考察表 6-2 列（2）至列（3），我们可以得到这样的结论：受中等教育和初级教育劳动者比重增加都会显著降低行业显性比较优势，并且在低关税行业（贸易自由化程度相对更高）内，二者对行业比较优势的负向影响都大于高关税行业（贸易自由化程度相对更低），出现这一结论的可能原因在于劳动者技能与行业技能匹配度低，并且随着贸易自由化进程不断深化，匹配差异越来越大。

最后考察表 6-2 列（5）至列（6），在劳动密集型行业，受初等教育劳动者占比增加显著提高了行业显性比较优势，并且低关税行业内这种提高效应要高于高关税行业。同时，在劳动密集型行业，受中等教育劳动者和受高等教育劳动者都表现出对行业比较优势的负向影响，但这种影响在统计上不显著，并不具备解释力。

二、内生性问题

（一）工具变量选取

本书第四章计量分析中详细解释了关税可能存在的内生性问题。此外，尽管我们在本章的回归分析中尽可能地加入了影响行业比较优势的因素，但是仍然可能存在遗漏变量引起的内生性问题，导致估计结果的偏差。为了解决关税内生性问题以及因遗漏变量可能造成的估计偏差，我们采用二阶段最小二乘工具变量法来克服内生性问题，分别采用行业关税的滞后一期作为行业关税的工具变量，行业内不同受教育程度劳动者占比的滞后一期作为对应受教育程度劳动者占比的工具变量，模型刚好是恰好识别的，因此我们并没有再特别报告检验过度识别的 Sargan 统计量。其他检验工具变量回归有效性的统计量包括 Anderson LM 统计量，用来检验工具变量与内生变量的相关性，若拒绝零假设则说明选取的工具变量与内生变量是高度相关的，选取的工具变量是合理的；Cragg-Donald Wald F 统计量，用来检验工具变量是否为弱识别，若得到的 Stock-Yogo 检验的真实值大于 10% 水平上的临界值而拒绝原假设（工具变量是弱工具变量），则说明选取的工具变量不存在弱工具变量问题，工具变量是有效的。

（二）回归结果分析

表 6-3 是在全样本下的二阶段最小二乘工具变量回归结果，工具变量通过了有效性和弱工具变量检验，因此表 6-3 的结果是可信的。初步观察表 6-3 的结果发现，全样本工具变量回归的结果支持了混合最小二乘法基准回归中的全样本情形。平均而言，受高等教育劳动者比重上升显著提升了行业的比较优势；受初等教育劳动者比重上升则显著降低了行业的比较优势；受中等教育劳动者比重变化对行业比较优势的影响不显著。结合行业贸易自由化与人力资本结构的交互项来看，低关税行业受高等教育劳动者对比较优势的正向影响较高关税行业更大；贸易自由化强化了受初等教育劳动者对行业比较优势的负向影响，并且不能判断中等教育劳动者比重变化在贸易自由化进程中对行业比较优势的影响。将上述结果与基准回归一的全样本混合回归结果比较发现，在解决内生性问题之后，人力资本结构对比较优势变化的影响较之前更大，说明内生性问题低估了人力资本结构对行业比较优势的影响。

表6-3 工具变量回归一：全样本回归

变　量	（1）	（2）	（3）	（4）	（5）	（6）
	受高等教育劳动者比重		受中等教育劳动者比重		受初等教育劳动者比重	
edustr_h	14.08***	15.77***	—	—	—	—
	（3.963）	（4.796）	—	—	—	—
*tariff*edu_h*	−264.9***	−314.6***	—	—	—	—
	（50.80）	（79.79）	—	—	—	—
edustr_m	—	—	−3.382	−6.537	—	—
	—	—	（12.90）	（2.424）	—	—

续 表

变 量	（1）	（2）	（3）	（4）	（5）	（6）
	受高等教育劳动者比重		受中等教育劳动者比重		受初等教育劳动者比重	
tariff*edu_m	—	—	−138.8	186.4	—	—
	—	—	（248.7）	（292.3）	—	—
edustr_l	—	—	—	—	−12.21	−11.31*
	—	—	—	—	（14.06）	（6.780）
tariff*edu_l	—	—	—	—	−481.0	−455.1**
	—	—	—	—	（378.1）	（219.1）
tariff	−9.081***	−10.59***	−8.433**	3.462	5.269	5.258
	（2.400）	（3.902）	（3.400）	（12.820）	（3.903）	（5.872）
ln*kl*	−0.092 9	−0.184	0.237	16.44	−0.526	−0.458
	（0.103）	（0.130）	（0.465）	（60.985）	（0.761）	（0.369）
ln*lp*	0.214*	0.383	0.468	4.582	−0.246	−0.236
	（0.125）	（0.248）	（0.552）	（16.980）	（0.633）	（0.570）
ln*iv*	0.132***	0.0811	0.153	−1.875	0.393	0.393*
	（0.043）	（0.075）	（0.273）	（6.956）	（0.256）	（0.216）
Anderson LM 统计量	7.210	5.670	4.740	3.651	6.860	2.577
Cragg–Donald Wald 统计量	22.30	22.30	22.30	22.30	22.30	22.30
	{9.09}	{9.08}	{9.08}	{9.08}	{9.08}	{9.08}
年份固定效应	否	是	否	是	否	是
观测值	140	140	140	140	140	140
R^2	0.483	0.903	0.314	0.323	0.915	0.753

注：回归结果中控制变量都分别取各自的对数值，Anderson LM 统计量报告的是其 *t* 值水平，Cragg–Donald Wald *F* 统计量分别报告真实值和临界值，被解释变量是行业比较优势，*、**、*** 分别表示在 10%、5%、1% 上显著。

分样本下的工具变量回归结果如表 6-4 所示。从 Anderson LM 统计量和 Cragg-Donald Wald F 统计量的大小可以看到，分样本下的二阶段最小二乘工具变量回归能够较好地解决基准模型存在的内生性问题，并且消除内生性问题后人力资本结构对行业比较优势的影响更大。总体而言，在知识密集型或资本密集型行业，受高等教育劳动者的比重提升和受初等教育劳动者的比重下降都会显著提升行业的比较优势，但受中等教育劳动者的比重变化不会影响行业比较优势的显著变化。根据本书的理论分析，这可能与产业结构对技能工人的需求有关；行业贸易自由化程度越深，越利于行业比较优势提升；贸易自由化强化了低技能劳动者对知识密集型或资本密集型行业比较优势的负向影响；同时低关税行业受高等教育劳动者比重增加对行业比较优势的提高作用更大。在劳动密集型行业，只有低技能劳动者占比变化表现出对行业比较优势的正向影响，并且这种影响在低关税行业更大，受高等或中等教育劳动者占比变化对行业比较优势的影响在统计上不显著。

表6-4　工具变量回归二：分样本回归

变　量	（1）	（3）	（5）	（2）	（4）	（6）
	知识密集型或资本密集型行业			劳动密集型行业		
edustr_h	22.70**	—	—	−15.16	—	—
	（10.31）	—	—	（9.730）	—	—
tariff*edu_h	180.7***	—	—	−220.2*	—	—
	（34.80）	—	—	（125.1）	—	—
edustr_m	—	2.213	—	—	1.652	—
	—	（2.248）	—	—	（5.323）	—
tariff*edu_m	—	−120.1*	—	—	−495.8*	—
	—	（65.00）	—	—	（299.4）	—
educastr_l	—	—	−3.341***	—	—	1.429***
	—	—	（0.361）	—	—	（0.382）
tariff*edu_l	—	—	−186.1*	—	—	−315.0*
	—	—	（104.7）	—	—	（162.3）

变 量	（1）	（3）	（5）	（2）	（4）	（6）
	知识密集型或资本密集型行业			劳动密集型行业		
tariff	−6.832***	−3.000*	−5.001**	5.823***	6.698***	5.395***
	（2.35）	（1.759）	（2.391）	（0.604）	（2.105）	（1.618）
ln*kl*	0.217	−0.138	−0.225	−0.027 2	−0.041 0	−0.027 7
	（0.430）	（0.140）	（0.220）	（0.048 1）	（0.054 1）	（0.049 3）
ln*lp*	0.066 3	0.206	0.233	0.0496	0.654	0.412
	（0.391）	（0.172）	（0.196）	（0.389）	（0.486）	（0.480）
ln*iv*	−0.240	0.011 0	0.060 7	0.777**	0.991**	1.235***
	（0.269）	（0.081 1）	（0.128）	（0.335）	（0.467）	（0.305）
Anderson LM 统计量	3.766	8.850	4.052	10.371	2.234	2.860
Cragg-Donald Wald *F* 统计量	22.30	22.30	22.30	22.30	22.30	22.30
	{9.08}	{9.08}	{9.08}	{9.08}	{9.08}	{9.08}
观测值	100	100	100	30	30	30
R^2	0.798	0.803	0.733	0.980	0.982	0.983

注：回归结果中控制变量都分别取各自的对数值，Anderson LM 统计量报告的是其 *t* 值水平，Cragg-Donald Wald *F* 统计量分别报告真实值和临界值，被解释变量是行业比较优势，*、**、*** 分别表示在 10%、5%、1% 上显著。

第三节　稳健性检验

基准回归和解决内生性问题后的回归结果都表明，在贸易自由化进程中，尽管行业内受中等教育劳动者占比变化对行业比较优势的影响在统计上不显著，但平均而言，行业内高等教育劳动者占比增加会显著提高行业的比较优势，同时初等教育劳动者占比增加则会显著降低行业的比较优势。按知识密集型和资本密集型对行业进行分类后的结果表明：在资本密集型行业和知识密集型行业，低关税行业内受高等教育劳动者占比增加对行业比较优势的正向影响较高关税行业更大；同时贸易自由化强化了劳动密集型行业内初级教育劳动者占比增加对行业比较优势的正向影响。为了进一步验证结果的稳健性，我们改变了比较优势定义，分别用贸易竞争优势指数和 Michaely 指数衡量行业比较优势，进而考察贸易自由化进程中行业内人力资本结构变化对行业比较优势的影响。

一、改变比较优势定义：贸易竞争优势指数

本小节的第一个稳健性检验是用贸易竞争优势指数（trade competitive index）来替代显性比较优势，其也是衡量行业国际竞争力的一种有力工具。基于增加值贸易的优势指数的测算公式如下：

$$TC_{\_va_{ir}} = \frac{ex\_dva_{ir} - im\_fva_{ir}}{ex\_dva_{ir} + im\_fva_{ir}} \tag{6-2}$$

式中：ex_dva_{ir} 为 r 国家 i 行业的增加值出口额，im_fva_{ir} 为 r 国家 i 行业进口包含的外国增加值。

如果 $TC > 0$，表示行业是具有竞争优势的，反之则具有竞争劣势。基于贸易竞争指数的回归由表 6-5 报告。其中，表 6-5A 报告了不区分行业性质的回归结果，表 6-5B 报告了将行业分成知识或资本密集型、劳动密集型行业后的回归结果。

表6-5　基于贸易竞争指数的回归

A: 不区分行业性质的回归						
变　量	（1）	（2）	（3）	（4）	（5）	（6）
	TC_va	TC_va	TC_va	TC_va	TC_va	TC_va
edustr_h	0.038 4	0.081 3	—	—	—	—
	（0.290）	（0.296）	—	—	—	—
tariff*edu_h	−5.456	−5.709	—	—	—	—
	（3.424）	（3.485）	—	—	—	—
edustr_m	—	—	0.214***	0.210***	—	—
	—	—	（0.046 4）	（0.056 6）	—	—

续　表

变　量	（1）	（2）	（3）	（4）	（5）	（6）
	TC_va	TC_va	TC_va	TC_va	TC_va	TC_va
tariff*edu_m	—	—	−13.32***	−13.15***	—	—
	—	—	（2.258）	（2.653）	—	—
edustr_l	—	—	—	—	−0.203***	−0.191***
	—	—	—	—	（0.045 2）	（0.053 8）
tariff*edu_l	—	—	—	—	−15.08***	−14.44***
	—	—	—	—	（2.623）	（3.056）
tariff	−0.369***	−0.433***	−0.142*	−0.164***	−0.0870	−0.129***
	（0.114）	（0.117）	（0.077 4）	（0.003）	（0.087 3）	（0.014）
控制变量	是	是	是	是	是	是
年份固定效应	否	是	否	是	否	是
观测值	150	150	150	150	150	150
R^2	0.390	0.425	0.468	0.477	0.465	0.473

B: 分行业性质的回归

变　量	（1）	（2）	（3）	（4）	（5）	（6）
	知识或资本密集型行业			劳动密集型行业		
edustr_h	1.076***	—	—	−5.619	—	—
	（0.221）	—	—	（4.215）	—	—
tariff*edu_h	−29.08***	—	—	8.643	—	—
	（2.608）	—	—	（9.407）	—	—
edustr_m	—	0.158*	—	—	1.499***	—
	—	（0.081 4）	—	—	（0.449）	—
tariff*edu_m	—	−21.73***	—	—	−15.93	—
	—	（2.483）	—	—	（19.87）	—

续 表

变量	（1）	（2）	（3）	（4）	（5）	（6）
	知识或资本密集型行业			劳动密集型行业		
edustr_l	—	—	−0.208***	—	—	1.353***
	—	—	（0.068 5）	—	—	（0.326）
*tariff*edu_l*	—	—	−25.32***	—	—	−19.19*
	—	—	（2.817）	—	—	（10.86）
tariff	−0.368***	−0.127	−0.256**	−1.381***	−1.036***	−1.002***
	（0.093 6）	（0.096 3）	（0.106）	（0.116）	（0.257）	（0.216）
控制变量	是	是	是	是	是	是
年份固定效应	是	是	是	是	是	是
观测值	100	100	100	30	30	30
R^2	0.839	0.803	0.815	0.993	0.990	0.992

注：被解释变量是行业层面的贸易竞争指数，*、**、*** 分别表示在10%、5%、1%上显著。

从表6-5 A 的结果来看，以行业层面的贸易竞争指数来反映行业竞争力，受高等教育劳动者占比的变动对行业比较优势的正向影响在统计上不显著，但受中等教育劳动者和初等教育劳动者占比变动对行业比较优势的影响都在1%统计水平上显著，这可能是因为没有对行业进行按技能需求分类，导致受高等教育劳动者对不同技能需求行业比较优势的效应相互抵消的原因，也侧面显示了行业技能与劳动者技能匹配的重要性。进一步地，从表6-5A的列（4）和列（6）的结果可以看到，贸易自由化进程总体上提高了行业的贸易竞争力，这可能与贸易自由化进程中行业享受到技术溢出的外部效应有关，并且随着贸易自由化不断深化，行业内受中等教育劳动者占比增加会增强贸易自由化对行业贸易竞争力的提升作用。这可能是从总体而言，中国行业技能需求水平还不是特别高，对中、低技能劳动力的需求较大，因为列（6）的结果表明贸易自由化进程中受初等教育劳动者占比增加也会增强贸易自由化对行业贸易竞争力的提高效应，同时，单就受初等教育劳动者占比来看，这一比例增加会降低行业的贸易竞争力。

从表 6-5B 的回归结果可以清晰地看到，行业技能需求与行业内人力资本结构匹配，或者说与行业内劳动者技能结构匹配会更好地提升行业的比较优势。从表 6-5B 的前 3 列和后 3 列结果来看，在对高技能需求相对更多的知识或资本密集型行业，受高等教育劳动者比重增加显著提升了行业的贸易竞争指数；在对中、低技能相对更多的劳动密集型行业，受初等教育劳动者比重增加显著增强了行业的贸易竞争指数。这一结果对我们提出相应的政策建议十分重要。

二、改变比较优势定义：Michaely 指数

本小节的第二个稳健性检验是采用行业层面的 Michaely 指数，主要反映一种经济波动，基于增加值贸易的 Michaely 指数的测算公式如下：

$$MI\_va_{ir} = \frac{ex\_dva_{ir}}{\sum_i ex\_dva_{ir}} - \frac{im\_fva_{ir}}{\sum_i im\_fva_{ir}} \qquad (6\text{-}3)$$

式中：$\sum_i ex\_dva_{ir}$ 为 r 国家出口的总增加值，$\sum_i im\_fva_{ir}$ 为 r 国家进口的总国外增加值。

Michaely 指数的取值在 [-1，1] 之间变动，其值为正时代表该行业具有比较优势，为负则代表比较劣势，也是衡量行业国际竞争力的一种有力工具。基于 Michaely 指数的回归结果由表 6-6 报告。从上面的分析中，我们已经发现了行业技能需求与行业内人力资本结构匹配的重要性，在这部分回归中，我们仅仅报告了将行业划分为知识或资本密集型、劳动密集型行业后的回归结果。

表6-6　基于Michaely指数的回归

变　量	（1）	（2）	（3）	（4）	（5）	（6）
	知识或资本密集型行业			劳动密集型行业		
edustr_h	0.059 4***	—	—	−0.657**	—	—
	（0.021 4）	—	—	（0.274）	—	—
tariff*edu_h	−1.675***	—	—	13.46***	—	—
	（0.253）	—	—	（2.124）	—	—

续　表

变　量	（1）	（2）	（3）	（4）	（5）	（6）
	知识或资本密集型行业			劳动密集型行业		
edustr_m	—	0.028 6***	—	—	−0.029 3	—
	—	（0.006 79）	—	—	（0.100）	—
tariff*edu_m	—	−1.802***	—	—	10.03**	—
	—	（0.207）	—	—	（4.442）	—
edustr_l	—	—	−0.026 4***	—	—	0.060 1***
	—	—	（0.005 80）	—	—	（0.009）
tariff*edu_l	—	—	−2.028***	—	—	11.78**
	—	—	（0.239）	—	—	（4.105）
tariff	−0.025 6***	−0.032 6***	−0.040 2***	−0.340***	−0.299***	−0.321***
	（0.009 09）	（0.008 03）	（0.009 02）	（0.026 1）	（0.057 4）	（0.052 6）
控制变量	是	是	是	是	是	是
年份固定效应	是	是	是	是	是	是
观测值	100	100	100	30	30	30
R^2	0.679	0.711	0.719	0.985	0.980	0.980

注：被解释变量是行业层面的 Michaely 指数，*、**、*** 分别表示在 10%、5%、1% 上显著。

基于 Michaely 指数的回归结果也支持了本章的结论。可以看到，在知识或资本密集型行业，受高等教育劳动者比重增加会显著提高行业的 Michaely 指数，行业关税越低，贸易自由化程度越高，行业的 Michaely 指数也越高；行业关税越低，贸易自由化程度越高，受高等教育劳动者比重增加会加强贸易自由化对行业 Michaely 指数的正向影响；低关税行业增加受高等教育劳动者比重对行业 Michaely 指数的提高效应较高关税行业更大。而在劳动密集型行业，受初等教育劳动者比重增加会显著提高行业的 Michaely 指数，但这里受中等教育劳动者比重变动对行业比较优势的影响在统计上不显著。

本章小结

伴随中国贸易自由化程度不断深化，中国参与全球分工的程度越来越深，同时中国的人口红利比较优势逐步丧失，寻求新的比较优势来源也日益急切。本书第二章的理论分析指出，行业内企业参与全球分工的生产阶段随着贸易成本的下降而向上游移动，生产所需技能强度提高，也就是说行业内劳动者技能结构是否能与行业技能匹配成为行业内企业提高比较优势的关键因素。本章的主要任务即从经验上来验证这一理论假说。本章利用 WIOD 数据库提供的世界投入产出表和子数据库 SEA 提供的行业层面劳动者就业、技能等信息，经验考察贸易自由化、人力资本结构变动与比较优势之间的关系。具体而言，本章的主要研究内容和研究结论包括以下几个方面：

第一，平均而言，行业内受高等教育劳动者比重增加会显著提高行业的比较优势，而行业内受初等教育劳动者比重增加会显著降低行业的比较优势，行业内受中等教育劳动者比重变化对行业比较优势的影响在统计上不稳健。在贸易自由化进程中，低关税行业内高等教育劳动者占比增加对行业比较优势的正向影响比高关税行业更大。消除内生性后，此结果依然稳健。

第二，将行业划分成知识或资本密集型行业以及劳动密集型行业的回归结果表明：在对技能需求更高的知识或资本密集型行业，受高等教育劳动者占比增加会显著提高行业比较优势，并且提高效应大于全样本时的提高效应，同时受初等教育劳动者比重增加则会降低知识或资本；在劳动密集型行业则恰好相反，贸易自由化进程中，受初等教育劳动者占比增加会提高行业比较优势，而受高等教育劳动者占比增加对行业比较优势的影响在统计上不显著。消除内生性问题后的回归结果支持了基准回归结果。

第三，稳健性检验支持了基准回归结果。改变行业比较优势定义后，平均意义上而言，行业内高等教育劳动者占比增加显著提高了行业比较优势，并且低关税行业内这种正向影响更大；在知识或资本密集型行业，受高等教育劳动者占比增加会正向影响行业比较优势，同时受初等教育劳动者占比增加则会负向影响行业比较优势；在劳动密集型行业，受高等教育劳动者比重和受初等教育劳动者比重变化对行业比较优势的影响与前者正好相反；受中等教育劳动者占比变化对行业比较优势的影响在统计上不稳健。上述结果强调了行业比较优势与行业内劳动者技能或者说人力资本结构匹配的重要含义，即行业内人力资本结构与行业技能需求匹配度越高，越有利于提高行业的比较优势，突出了人力资本结构成为比较优势来源的重要含义。

结论与政策建议

党的十九大报告明确提出要坚定实施人才强国战略，并进一步提出了"建设知识型、技能型、创新性劳动者大军"的科学论断，同时还发出要"促进我国产业迈向全球价值链中高端"的发展要求。随着改革开放的推进，中国参与全球价值链分工深度与广度与日俱增，本书结合我国贸易自由化进程，回顾关税政策的政策效果，评价其对教育投资、人力资本结构以及比较优势的影响，从而更好地制定推动中国产业结构调整和融入全球价值链分工的贸易政策，以及与贸易发展和产业发展相匹配的教育政策。本书以北京师范大学提供的 CHIPs 微观调查数据库、WITS 网站提供的关税数据库、中国工业企业数据库、WIOD 提供的世界投入产出表以及 SEA 数据库提供的行业技能工人数据、不同年份城市统计年鉴为经验分析的数据基础，在企业异质性贸易理论框架下和连续生产模型的框架下，试图全面系统地考察贸易自由化与个体教育投资、人力资本结构和比较优势的关系，依次揭示改革开放后贸易自由化对中国差异化城市个体的教育投资的微观影响、对城市或行业人力资本结构的中观影响、对中国中观层面的比较优势影响，得到了较为丰富的研究结论。本章将对前文的研究进行总结，归纳和概括本书的主要结论，并在此基础上得到相应的政策建议。

第一节　本书的主要结论

一、关于贸易自由化对个体教育投资影响的结论

（一）贸易自由化总体上增加了个体教育投资

根据拓展后的企业异质性贸易理论模型得到了理论假说 1 和理论假说 2，贸易自由化通过技能溢价和就业创造，影响劳动市场个体进行教育投资的能力阈值，并最终改变个体的受教育年限。利用上述介绍过的数据进行计量分析，得到平均意义上的这样两个结论：第一，以地区关税刻画的贸易自由化进程显著增加了个体的受教育年限，并且高技能劳动者相对低技能劳动者更可能进行教育投资；第二，引入职业能力与地区贸易自由化的交互项后的回归结果表明，地区关税对低技能人群的受教育年限的正面影响更大，即地区关税越小，

贸易自由化程度越深，越有利于低技能人群的教育投资，增加这一群体的受教育年限。在处理内生性问题后，结果依然稳健，并且通过多个稳健性检验，证明了基准回归的可信度。

（二）分样本下更为丰富的结论

本书强调指出，由于政府制定的地区间差异化发展政策和自身经济基础以及地理位置影响，中国地区间的贸易自由化程度和经济发展水平都表现出较大差异性，并影响了关税的经济传导效应。

分地区的回归结果显示：首先，不论是贸易自由化程度最深的东部，还是贸易自由化程度次之的中部，又或是贸易自由化程度最低的西部，贸易自由化进程都显著增加了个体的受教育年限；其次，东部地区贸易自由化进程对个体教育投资的正向影响较中部和西部地区更大；最后，技能与地区关税的交互项系数表明，贸易自由化对东部地区低技能工人的教育投资正向影响最大，对西部地区低技能工人的教育投资正向影响最小。

分行业的回归结果表明：首先，对受贸易冲击最小并且技能含量更低的第一产业而言，贸易自由化进程减少了产业内个体劳动者的受教育年限，提高了第二产业内个体劳动者的受教育年限，并且对第三产业内个体的受教育年限正向影响不显著；其次，增加职业能力与贸易自由化交互项的回归结果表明贸易自由化对第一产业中低技能劳动者的负面影响更大，对第二产业中低技能劳动者教育投资的积极影响更大，但不能根据交互项来判断贸易自由化对第三产业内能力不同个体的差异化影响；最后，对就业占比最高的制造业的回归结果显示，贸易自由化显著提高了个体的受教育年限，并且对产业内低技能个体教育投资的正向影响更大，与总体回归结果一样。

分性别的回归结果表明：贸易自由化对个体教育投资的影响存在性别差异。尽管贸易自由化进程同时增加了男性和女性个体的受教育年限，但对女性的促进作用更大一些。不管是对女性群体还是男性群体，贸易自由化都对群体内低技能劳动者的教育投资影响更大。

二、关于贸易自由化对人力资本结构及其分布影响的结论

（一）贸易自由化促进了人力资本结构高级化

研究贸易自由化进程对个体教育投资的影响后，我们更进一步深入探讨了贸易自由化对教育结构的影响。总体而言，在利用 DID 计量方法更精准识

别贸易自由化的经济效应后发现，以中国加入 WTO 作为准自然实验，贸易自由化变动更大的地区大学及以上学历劳动人口的比重增加得更多，同时降低了城市劳动人口中高中以下劳动人口的比例，有利于人力资本高级化的实现，助力地区经济增长。区分东、中、西部样本的回归结果显示，中国加入 WTO 引致的大幅度大规模关税下调，即贸易自由化经历快速深化，对中部地区的人力资本结构高级化提升作用最显著，同时不利于西部地区实现人力资本结构升级，而对东部地区人力资本结构升级的促进作用并不显著。进一步考察性别差异的回归结果表明，贸易自由化变动越大对女性劳动人口的受教育（人力资本）结构优化效应越显著，对男性劳动人口的影响在统计上不显著。此外，中国加入 WTO 带动的关税快速下调，即贸易自由化深度，有利地实现了第二产业内人力资本结构升级，对第一产业人力资本结构的影响并不显著，并抑制了第三产业的人力资本结构升级。以上结果经过不同的稳健性检验后依然成立，支持了基准回归的结果。

（二）贸易自由化对人力资本结构分布有所影响

衡量人力资本结构有多种形式，其中以教育基尼系数衡量的人力资本结构是一个相对概念，反映其分布问题。基于人力资本结构分布的回归结果是贸易自由化改善了城市人力资本结构分布的不平等现象，使人力资本结构分布更加均化。区分不同地区样本后回归发现：首先，就东部地区而言，贸易自由化程度更深的城市的人力资本结构分布更公平；其次，在西部城市中，贸易自由化变动更大的城市的教育基尼系数也越大，人力资本结构分布越不平等；最后，贸易自由化大幅深化对西部地区城市的人力资本结构分布的影响在统计上并不显著。

三、关于贸易自由化与人力资本结构对比较优势影响的结论

（一）贸易自由化和人力资本结构对行业比较优势的协同影响

贸易自由化和人力资本结构对行业的协同影响表现在以下方面：首先，行业内受高等教育劳动者比重增加会显著提高行业的显性比较优势，这可能是因为行业内受高等教育劳动者比重上升，能够匹配贸易自由化进程中行业内企业在全球分工中向上游移动的技能提高需求，二者更高的匹配度更大程度上提升了行业比较优势发挥；其次，低关税行业（贸易自由化程度更大的行业）受高等教育劳动者比重增加对行业显性比较优势的正向影响比高关税行业（贸易

自由化程度更小的行业）更大。这一结果在解决内生性问题后回归和稳健性回归中都依然成立，增强了基准回归的可靠性。

（二）行业分类下更为丰富的结论

对行业分类后的回归结果显示：首先，行业进口贸易自由化进程会提高资本密集型和知识密集型行业的比较优势，资本密集型和知识密集型行业中受高等教育劳动者比重增加显著提升了行业的显性比较优势；贸易自由化强化了知识密集型和资本密集型行业内受高等教育劳动者比重增加对行业显性比较优势的正向影响。其次，在劳动密集型行业，受初等教育劳动者占比增加显著提高了行业显性比较优势，低关税行业内这种提高效应要高于高关税行业。这两个结果都强调了行业技能需求与行业内劳动者不同层次的技能结构，或者说强调了行业内人力资本结构的匹配度，劳动者技能水平与行业技能需求匹配度越高，贸易自由化进程中越可能提升行业比较优势，反之则不能。

第二节　政策建议

根据本书的主要结论，可以得出相应的政策建议。

一、继续深化贸易自由化改革以提升贸易可持续发展的内生动力

中国贸易发展是内外环境发生重大变化，国内生产的低要素成本优势逐步式微，对外贸易发展的外部需求空间有所下降，这一重要变化对中国贸易自由化政策提出了一系列新要求。贸易自由化政策不仅需要服务贸易发展，还需要与产业政策共同服务于国内产业结构调整，并最终提升贸易可持续发展的内生动力。

（一）深化贸易自由化改革，助力国民平均教育水平提升

本书的理论和经验分析结果都表明，进口贸易自由化进程提高了城市劳动人口的平均受教育年限，且存在地区、行业和性别差异性。与此同时，我们还发现，经济相对不发达的城市在贸易自由化进程中，也会更少地进行教育投资。贸易自由化通过提高技能工人的技能溢价和增加高技能工作岗位两种途径，提高了劳动者投资教育的预期收益，进而降低了教育投资的能力阈值，鼓励个体劳动者进行教育投资。可以这样说，理论和经验结果都证明贸易自由化

进程对提高个体劳动者教育投资的重大意义和合理性。为履行"入世"承诺，我国的进口关税在"入世"后的 5 年内下降至较低的水平，但相较其他发展中国家仍然有调整的空间。因此，政府应该继续推进我国贸易自由化进程，并缩小地区间的贸易自由化差异，增加各地区个体劳动者的教育投资，最终从贸易发展的途径实现整体国民平均教育水平的提升。

（二）制定匹配的教育政策，提升贸易可持续发展的内生动力

贸易可持续发展建立在合理的贸易产品结构和完善的贸易政策基础上，而合理的贸易产品结构则依赖相应的产业结构支持。中国自改革开放以来，就意识到产业结构对出口产品结构的重要影响，强调贸易政策与产业政策的协调使用，促进产业结构调整向着可持续发展的方向进行。同时，中国产业升级的关键，就是要挖掘和培育内部动力。张幼文（2015）指出，结构进步是发展的核心内涵，产业结构的先进性是以生产要素的先进性为基础的，以要素升级实现产业升级，结构进步才是现实的发展道路。而国内的技术创新及物质资本和人力资本等要素的协同提升，是关键性内部动力（杨高举、黄先海，2013），可以窥见的是，这些都离不开学校教育。

首先，政府要抑制义务教育后高中和大学学习费用的过快上涨，使更多的人不是因为学习的经济原因过早进入劳动市场，提供更多低成本的助学贷款和更为慷慨的奖、助学金，鼓励经济条件较差的家庭让子女继续学习，这些举措可以在一定程度上抵消教育机会成本上涨的负面影响。其次，要改革城市财政制度，加大财政对教育的支持力度。总之，要创造利于个体教育投资的外部环境，尽可能地减少教育投资的成本，提高个体劳动者教育投资的收益，促进教育投资的增加。教育投资增加能改善人力资本积累，更好地匹配产业结构升级和贸易产品结构调整的技术需求，提升贸易可持续发展的内生动力。

二、贸易自由化政策与产业政策协调使用以推动人力资本结构高级化

中国经济增长与宏观稳定课题组（2007）的研究表明，劳动力选择什么样的技能与社会对劳动力素质的要求有关，而劳动力需求由一个国家的经济结构和技术方式所决定。改革开放初期，中国成功将国内过剩劳动力的人口负担转化成人口红利，积极推动了经济和贸易的发展，同时这一粗放式的发展方式产生了对低技能劳动的大量需求，增加了个体劳动者进行教育投资的机会成本，鼓励个体放弃当下的学校教育，转而参与工作。这种模式对中国的长期发展显然是不利的，协调贸易自由化政策与产业政策的使用，是改变这一现状的重要

举措，根据本书的经验研究结论，这将助力人力资本结构高级化。

（一）继续推动贸易自由化与产业政策改革，推进人力资本结构高级化

本书的经验研究结果证明，贸易自由化变动越大的城市，劳动人口中大学及以上学历劳动人口的占比越高，表明贸易自由化的深化显著促进了人力资本结构高级化。此外，区分行业的计量结果表明，第二产业的贸易自由化进程显著提高了城市劳动人口中大学及以上学历劳动人口的比重，并同时降低了高中以下劳动人口的比重。结合本书第二章的理论分析，我们可以认为，贸易自由化改革提升了产业技能需求。为了进一步调整我国的教育结构，进而实现人力资本结构高级化，政府应该继续推动贸易自由化与产业政策改革，发挥二者相互作用的联动效应，一方面继续扩大开放，提高贸易自由化程度，发挥市场扩大的促进竞争效应，推动企业创新，增加企业对技能工人需求，提高个体进行教育投资的预期报酬，鼓励个体增加学校教育；另一方面继续推动产业政策改革，加快产业升级，促进贸易中高技术含量产品的贸易，提高新增就业岗位对劳动力技能的需求水平，并最终推进人力资本高级化进程。

（二）协调地区间贸易自由化进程，改善人力资本结构分布

本书的经验分析结果证明，贸易自由化影响城市人力资本结构的分布有着显著地区差异，并且贸易自由化程度变化更大的地区，人力资本结构分布更加均化。由于人力资本结构分布不平等不利于经济增长（Véronique Gille，2015），因此政府可以协调地区间贸易自由化进程，改善地区间人力资本结构分布，从而推动区域经济发展齐头并进。同时，人力资本结构是造成收入差距的重要因素，改善人力资本结构分布能够一定程度上助力解决工资不平等问题。

三、改善人力资本结构以匹配培育外贸竞争优势的人才需要

杨高举和黄先海（2013）指出，国内的技术创新以及物质资本和人力资本等要素的协同性提升，是提高中国高技术产业国际分工地位的关键性内部动力。同时，一个经济最优的技术结构和产业结构由其要素禀赋结构内生决定（Lin，2012），因此作为一国重要生产要素并对贸易增长具有先导作用的人力资本（中国教育与人力资源问题报告课题组，2003），其结构高级化必然对技术结构升级和产业结构升级产生重要的推动作用（刘志勇等，2018）。

本书的结果向我们证明，在贸易自由化进程中，行业内人力资本结构与行业比较优势存在以下逻辑关系：当行业内人力资本结构与行业技能更匹配时，更能提高行业的比较优势，并且这一结果在解决内生性问题和稳健性检验后依然稳健。此外，陆铭（2016）的研究指出，城市内部的产业升级不仅仅需要技能劳动力，城市内部高、低技能劳动力之间的互补关系，才是实现城市产业升级的关键因素。产业结构升级是培育我国外贸新竞争的必要手段，其中产业内劳动者技能比重是基础。

　　本书第六章的结果表明，在贸易自由化进程中，不同技能需求行业对人力资本的需求也不尽相同，知识密集型行业对技能需求更大，而劳动密集型行业对技能的需求就相对较小。因此，政府应该从多方面改善地区的人力资本结构，并且应以教育高质量发展为突破口，要注重提升人力资本存量转向促进人力资本结构高级化，通过重点调控小学、初中、高等教育程度人力资本，发展差异化的行业内人力资本结构，更好地匹配行业层面差异化技能需求，形成中国参与全球分工中行业比较优势的新来源。

参考文献

[1] 陈钊,陆铭,金煜.中国人力资本和教育发展的区域差异:对于面板数据的估算 [J].世界经济,2004,27(12): 25-31.

[2] 陈钊,陆铭.从分割到融合:城乡经济增长与社会和谐的政治经济学 [J].经济研究,2008(1): 12.

[3] 陈维涛.出口技术复杂度、劳动力市场分割与中国的人力资本投资 [J].管理世界,2014(2): 15.

[4] 陈维涛,王永进,李坤望.地区出口企业生产率、二元劳动力市场与中国的人力资本积累 [J].经济研究,2014,49(1): 14.

[5] 陈昊.出口贸易的就业学历偏向效应——基于中国家庭收入调查的实证研究 [J].当代财经,2016(2): 103-113.

[6] 陈开军,赵春明.贸易开放对我国人力资本积累的影响——动态面板数据模型的经验研究 [J].国际贸易问题,2014(3): 86-95.

[7] 迟福林,张飞,郭达.推动形成全面开放新格局 [M].广州:广东经济出版社,2020.

[8] 戴翔,刘梦.人才何以成为红利——源于价值链攀升的证据 [J].中国工业经济,2018(04): 98-116.

[9] 国务院关税税则委员会办公室,中华人民共和国财政部关税司.中国关税——制度、政策与实践 [M].北京:中国财政经济出版社,2011.

[10] 黄玖立,冼国明,吴敏,等.学校教育与比较优势:解构作为渠道的技能 [J].经济研究,2014,49(4): 172-186.

[11] 黄燕萍,刘榆,吴一群,等.中国地区经济增长差异:基于分级教育的效应 [J].经济研究,2013,48(4): 94-105.

[12] 黄志岭,姚先国.教育回报率的性别差异研究 [J].世界经济,2009(7): 74-83.

[13] 李世刚,周泽峰,吴驰.贸易开放与人力资本配置——基于公共部门与私人部

门就业选择的视角 [J]. 经济学 (季刊), 2021, 21(4): 1455-1476.

[14] 陆铭 . 城市内部高低技能劳动力必须是 "互补" 的 [N]. 北京日报 , 2016-05-16(14).

[15] 陆铭 . 教育、城市与大国发展——中国跨越中等收入陷阱的区域战略 [J]. 学术月刊 , 2016, 48(1): 75-86.

[16] 李红阳 , 邵敏 . 城市规模、技能差异与劳动者工资收入 [J]. 管理世界 , 2017(8): 36-51.

[17] 卢福财 , 罗瑞荣 . 全球价值链分工条件下产业高度与人力资源的关系——以中国第二产业为例 [J]. 中国工业经济 , 2010(8): 76-86.

[18] 李坤望 , 陈维涛 , 王永进 . 对外贸易、劳动力市场分割与中国人力资本投资 [J]. 世界经济 , 2014, 37(3): 56-79.

[19] 吕云龙 , 吕越 . 上游垄断与制造业出口的比较优势——基于全球价值链视角的经验证据 [J]. 财贸经济 , 2017, 38(8): 98-111.

[20] 吕越 , 吕云龙 , 高媛 . 中间品市场分割与制造业出口的比较优势——基于全球价值链的视角 . 产业经济研究 , 2017(5): 51-61.

[21] 毛其淋 , 许家云 . 中间品贸易自由化与制造业就业变动——来自中国加入 WTO 的微观证据 [J]. 经济研究 , 2016, 51(1): 69-83.

[22] 毛其淋 . 人力资本推动中国加工贸易升级了吗 ?[J]. 经济研究 , 2019, 54(1): 52-67.

[23] 裴长洪 . 降低关税与保护本国工业的认识与对策 [J]. 经济研究参考 , 1996(C1): 22-31.

[24] 邵文波 , 李坤望 , 王永进 . 人力资本结构、技能匹配与比较优势 [J]. 经济评论 , 2015(1): 26-39.

[25] 佟家栋 , 张俊美 , 赵思佳 . 贸易自由化能否促进城市人力资本积累 [J]. 山西财经大学学报 , 2021, 43(7): 30-42.

[26] 王直 , 魏尚进 , 祝坤福 . 总贸易核算法 : 官方贸易统计与全球价值链的度量 [J]. 中国社会科学 , 2015(9): 108-127, 205-206.

[27] 王巍 , 严伟涛 . 进口竞争对我国劳动者人力资本投资的影响 [J]. 江西财经大学学报 , 2020(2): 15-25.

[28] 谢锐 , 王菊花 , 王振国 . 全球价值链背景下中国产业国际竞争力动态变迁及国际比较 [J]. 世界经济研究 , 2017(11): 100-111, 137.

[29] 邢春冰, 贾淑艳, 李实. 教育回报率的地区差异及其对劳动力流动的影响 [J]. 经济研究, 2013, 48(11): 114-126.

[30] 袁富华, 张平, 陆明涛. 长期经济增长过程中的人力资本结构——兼论中国人力资本梯度升级问题 [J]. 经济学动态, 2015(5): 11-21.

[31] 张国强, 温军, 汤向俊. 中国人力资本、人力资本结构与产业结构升级 [J]. 中国人口·资源与环境, 2011, 21(10): 138-146.

[32] 张川川. "中等教育陷阱"?——出口扩张、就业增长与个体教育决策 [J]. 经济研究, 2015, 50(12): 115-127, 157.

[33] 周茂, 李雨浓, 姚星, 等. 人力资本扩张与中国城市制造业出口升级：来自高校扩招的证据 [J]. 管理世界, 2019, 35(5): 64-77, 198-199.

[34] 赵春明, 李震, 李宏兵. 主动扩大进口对中国人力资本积累的影响效应——来自最终品关税削减的长期证据 [J]. 中国工业经济, 2020(11): 61-79.

[35] ACEMOGLU D, AUTOR D. What does human capital do? a review of goldin and katz's the race between education and technology[J]. *Social Science Electronic Publishing*, 2012, 50(2): 426-463.

[36] ACEMOGLU D, DELL M. Productivity differences[J]. *SSRN Electronic Journal*, 2001, 116(2): 563-606.

[37] POL A. Firms, contracts, and trade structure[J]. *Quarterly Journal of Economics*, 2003(4): 1375-1418.

[38] ARKOLAKIS C, COSTINOT A, RODRIGUEZ-CLARE A, et al. New trade models, same old gains?[J]. *American Economic Review*, 2012, 102(1): 94-130.

[39] AUTOR D, DORN D. The growth of low skill service jobs and the polarization of the US labor market[J]. *IZA Discussion Papers*, 2012(4): 3760.

[40] ARKOLAKIS C, COSTINOT A, DONALDSON D, et al. The elusive pro-competitive effects of trade[J]. *Social Science Electronic Publishing*, 2015(37): 456.

[41] ATKIN D. Endogenous skill acquisition and export manufacturing in mexico[J]. *American Economic Review*, 2016, 106(8): 2046-2085.

[42] ATKIN D, DONALDSON D. Who is getting globalized? the size and implications of international trade costs[J].*CEPR Discussion Papers*, 2015(3): 56.

[43] ASUYAMA Y. Skill distribution and comparative advantage: a comparison of China and India[J]. *World Development*, 2012, 40(5): 956-969.

[44] BALASSA B. Trade liberalization and "revealed" comparative advantage1[J]. *Manchester School*, 2008, 33(2): 99-123.

[45] BARRO R J, LEE J W. International data on educational attainment: updates and implications[J]. *Oxford Economic Papers*, 2001, 53(3): 541-563.

[46] BECKER G S. Human capital: a theoretical and empirical analysis with special reference to education, third edition[J]. *NBER Books*, 1994, 18(1): 556.

[47] BLANCHARD E J, WILLMANN G. Trade, education, and the shrinking middle class[J]. *Journal of International Economics*, 2016, 99(1): 263-278.

[48] BERNARD A B, REDDING S J, SCHOTT P K. Comparative advantage and heterogeneous firms[J]. *Review of Economic Studies*, 2007(1): 31-66.

[49] BLANCHARD E J, OLNEY W W. Globalization and human capital investment: export composition drives educational attainment[J]. *Journal of International Economics*, 2013, 106(5): 165-183.

[50] BOMBARDINI M, GALLIPOLI G, PUPATO G. Skill dispersion and trade flows[J]. *American Economic Review*, 2012, 102(5): 2327-2348.

[51] BORSOOK I. Earnings, ability and international trade[J]. *Journal of International Economics*, 1987, 22(3-4): 281-295.

[52] BOUGHEAS S, RIEZMAN R. Trade and the distribution of human capital[J]. *Journal of International Economics*, 2007, 73(2): 421-433.

[53] BRANDT L, BIESBROECK J V, WANG L H, et al. WTO accession and performance of Chinese manufacturing firms[J]. *American Economic Review*, 2017, 107(9): 2784-2820.

[54] CARTIGLIA F. Credit constraints and human capital accumulation in the open economy[J]. *Journal of International Economics*, 1997, 43(1): 221-236.

[55] CASTELLO A, DOMENECH R. Human capital inequality and economic growth: some new evidence[J]. *Economic Journal*, 2010, 112(478): C187-C200.

[56] COAR A K, GUNER N, TYBOUT J. Firm dynamics, job turnover, and wage distributions in an open economy[J]. *Working Papers*, 2016, 106(16): 326.

[57] COSTINOT A, RODRIGUEZ-CLARE A. Trade theory with numbers: quantifying the consequences of globalization[J]. *Handbook of International Economics*, 2013, 4: 197-261.

[58] DAI L. The comparative advantage of nations: how global supply chains change our understanding of comparative advantage[J]. *M-RCBG Associate Working Paper*, 2013(15): 452-455.

[59] DANZIGER E. Skill acquisition and the dynamics of trade-induced inequality[J]. *Journal of International Economics*, 2017, 107(6): 60-74.

[60] DIX-CARNEIRO R, KOVAK B K. Trade reform and regional dynamics: evidence from 25 years of brazilian matched employer-employee data[J]. *Upjohn Working Papers and Journal Articles*, 2015(34): 65-67.

[61] EDMONDS E V, PAVCNIK N. The effect of trade liberalization on child labor[J]. *Journal of International Economics*, 2005, 65(2): 401-419.

[62] EDMONDS E V, TOPALOVA P, PAVCNIK N. Child labor and schooling in a globalizing world: some evidence from urban India[J].*Journal of the European Economic Association*, 2009, 7(2-3): 498-507.

[63] EDMONDS E V, PAVCNIK N, TOPALOVA P. Trade adjustment and human capital investments: evidence from Indian tariff reform[J]. *American Economic Journal: Applied Economics*, 2010, 2(4): 42-75.

[64] FAJGELBAUM P D, KHANDELWAL A K. Measuring the unequal gains from trade[J]. *NBER Working Papers*, 2014(3): 89-91.

[65] RONALD, FINDLAY H, KIERZKOWSKI H. International trade and human capital: a simple general equilibrium model[J]. *Journal of Political Economy*, 1983, 91(6): 957-978.

[66] FALVEY R, GREENAWAY D, SILVA J. Trade, human capital and labour market adjustment[J]. *Social Science Electronic Publishing*, 2006(43): 78-82.

[67] FALVEY R, GREENAWAY D, SILVA J. Trade liberalization and human capital adjustment[J].*Journal of International Economics*, 2010, 81(2): 230-239.

[68] FAN H, LI Y A, YEAPLE S R. Trade liberalization, quality, and export prices[J]. *Review of Economics and Stats*, 2015, 97(5): 1033-1051.

[69] FEENSTRA R C, HANSON G H. Foreign investment, outsourcing and relative wages[J]. *NBER Working Papers*, 1995(4): 78.

[70] VÉRONIQUE G. Distribution of human capital and income: an empirical study on Indian states[J]. *Journal of Macroeconomics*, 2015, 43: 239-256.

[71] GREENLAND A, LOPRESTI J. Import exposure and human capital adjustment: evidence from the U.S.[J]. *Social Science Electronic Publishing*, 2016, 100: 50-60.

[72] GROSSMAN G M, MAGGI G. Diversity and trade[J]. *American Economic Review*, 2000, 90(5): 1255-1275.

[73] GROSSMAN G. The distribution of talent and the pattern and consequences of international trade[J].*Journal of Political Economy*, 2004,112: 209-239.

[74] GROIZARD J L, JHA P, RODRIGUEZ-LOPEZ A. Trade costs and job flows: evidence from establishment-level data[J]. *Social Science Electronic Publishing*, 2015, 53(1): 173-204.

[75] GURGUL H, LACH L. Comparative advantage of the EU in global value chains: how important and efficient are new EU members in transition?[J]. *Managerial Economics*, 2016, 17(1): 21-58.

[76] GU W, MALIK S, POZZOLI D, et al. Trade induced skill upgrading: lessons from the danish and Portuguese experiences[J]. *Social Science Electronic Publishing*, 2016(45): 98-100.

[77] HAN J, LIU R, MARCHAND B U, et al. Market structure, imperfect tariff pass-through, and household welfare in urban China[J]. *Working Papers*, 2016, 100: 220-232.

[78] HARRIS R G, ROBERTSON P E. Trade, wages and skill accumulation in the emerging giants[J]. *Journal of International Economics*, 2013, 89(2): 407-421.

[79] HICKMAN D C, OLNEY W W. Globalization and investment in human capital[J]. *Industrial & Labor Relations Review*, 2011, 64(4): 654-672.

[80] HARRIGAN J, RESHEF A. Skill biased heterogeneous firms, trade liberalization, and the skill premium[J]. *Canadian Journal of Economics/revue Canadienne Déconomique*, 2015, 48(3): 1024-1066.

[81] HUMMELS D L, ISHII J, YI K M. The nature and growth of vertical specialization in world trade[J]. *Social Science Electronic Publishing*, 1999, 54(1): 75-96.

[82] ROBERT J. Do labor market opportunities affect young women's work and family decisions? experimental evidence from India[J]. *Quarterly Journal of Economics*, 2012(2): 753-792.

[83] OBERT E L. On the mechanics of economic development[J]. *Journal of Monetary*

Economics, 1988, 22: 3-42.

[84] LI B. Export expansion, skill acquisition and industry specialization: evidence from China[J]. *Journal of International Economics*, 2018, 114(9): 346-361.

[85] LI J, LU Y, SONG H, et al. Long-term impact of trade liberalization on human capital formation[J]. *Journal of Comparative Economics*, 2019, 47(4): 946-961.

[86] LONG N V, RIEZMAN R, SOUBEYRAN A, et al. Trade, wage gaps, and specific human capital accumulation[J]. *CES Working Paper Series*, 2003, 15(1): 75-92.

[87] MELITZ M J. The impact of trade on intra-industry reallocations and aggregate industry productivity[J]. *Econometrica*, 2003, 71(6): 1695-1725.

[88] MELITZ M J, REDDING S J. New trade models, new welfare implications[J]. *American Economic Review*, 2015, 105(3): 1105-1146.

[89] MEMON M A, MANGI R A. Human capital a source of competitive advantage "ideas for strategic leadership" [J].*Australian Journal of Basic and Applied Sciences*, 2009, 3(4): 4182-4189.

[90] MUNSHI K M R.Traditional institutions meet the modern world: caste, gender, and schooling choice in a globalizing economy[J]. *American Economic Review*, 2006, 96(4): 1225-1252.

[91] OSTER E, STEINBERG B M. Do IT service centers promote school enrollment? Evidence from India[J]. *Journal of Development Economics*, 2013, 104(15922): 123-135.

[92] OWEN A L. International trade and the accumulation of human capital[J]. *Southern Economic Journal*, 1999, 66(1): 61-81.

[93] STREICHER P G. De-industrialization and comparative advantage in the global value chain[J]. *Economic Systems Research*, 2018(3): 1-20.

[94] PORTO G G. Using survey data to assess the distributional effects of trade policy[J]. *Journal of International Economics*, 2006,70(1): 140-160.

[95] RANJAN P. Dynamic evolution of income distribution and credit-constrained human capital investment in open economies[J]. *Journal of International Economics*, 2001, 55(2): 329-358.

[96] RITTER M. Trade and inequality in a directed search model with firm and worker heterogeneity[J]. *Canadian Journal of Economics*, 2015, 48(5): 1902-1916.

[97]   KARTINI S G. Human capital response to globalization: education and information technology in India job market paper[J]. *Journal of Human Resources*, 2012, 47(2): 287-330.

[98]   SCHULTZ T W. Investment in human capital[J].*American Economic Review*, 1961, 51(1): 1-17.

[99]   SOBEL M E. Direct and indirect effects in linear structural equation models[J]. *Sociological Methods & Research*, 1987, 16(1): 155-176.

[100]   THOMAS V, WANG Y, FAN X. Measuring education inequality: gini coefficients of education[J]. *World Bank Institute*, 2000(2): 56-58.

[101]   TOPALOVA P. Factor immobility and regional impacts of trade liberalization: evidence on poverty from India[J]. *American Economic Journal: Applied Economics*, 2010, 2: 1-41.

[102]   ZHI W, WEI S J, ZHU K. Quantifying international production sharing at the bilateral and sector levels[J]. *NBER Working Papers*, 2013(9): 677.

[103]   YEAPLE S R. A simple model of firm heterogeneity, international trade, and wages[J]. *Journal of International Economics*, 2005, 65(1): 1-20.

[104]   L U Y, Y U L H. Trade liberalization and markup dispersion: evidence from China's WTO accession[J].*American Economic Journal: Applied Economics*, 2015, 7(4): 221-253.

[105]   YOUNG A T, LEVY D, HIGGINS M J. Many types of human capital and many roles in U.S. growth: evidence from county-level educational attainment data[J]. *Social Science Electronic Publishing*, 2014(23): 67-69.

[106]   ZHAO L, WANG F, ZHAO Z. Trade liberalization and child labor in China[J]. *IZA Discussion Paper*, 2016(23): 10295.